中国
1949-2014

杨胜群　张启华　张卓元 – 顾问
武力　王蕾 – 著

北京时代华文书局

图书在版编目（CIP）数据

中国（1949－2014）／武力，王蕾著．－北京：北京时代华文书局，2014.9

ISBN 978－7－80769－755－8

Ⅰ．①中…　Ⅱ．①武…　②王…　Ⅲ．①中国历史－现代史　Ⅳ．①K27

中国版本图书馆 CIP 数据核字（2014）第 167448 号

中国（1949－2014）

著　　者　武　力　王　蕾
顾　　问　杨胜群　张启华　张卓元

出 版 人　田海明　朱智润
选题策划　静瑞彬　朱智润
项目统筹　余　玲
责任编辑　余　玲　徐敏峰
装帧设计　后声文化　程　慧
责任印制　刘　银
营销推广　赵秀彦

出版发行　时代出版传媒股份有限公司　http://www.press-mart.com
　　　　　北 京 时 代 华 文 书 局　http://www.bjsdsj.com.cn
　　　　　北京市东城区安定门外大街 138 号皇城国际大厦 A 座 8 楼
　　　　　邮编：100011　电话：010－64267120　64267397
印　　刷　北京顺诚彩色印刷有限公司　010－69499689
　　　　　（如发现印装质量问题，请与印刷厂联系调换）
开　　本　635mm×965mm　1/8
印　　张　35.5
字　　数　150 千字
图　　片　212 幅
版　　次　2014 年 9 月第 1 版　　2014 年 9 月第 1 次印刷
书　　号　ISBN 978－7－80769－755－8

定　　价　400.00 元

（本书由新华通讯社图片中心和 CFP 供图）

【目 录】

壹

1949—1956

总论

贰

1957—1978

叁

1978—1992

肆

1992—2002

伍

2002—2012

陆

2012 以来

结语

总论

今年是中华人民共和国建立65周年。65年来，中国发生了翻天覆地的变化，从一个积贫积弱、满目疮痍的半殖民地半封建社会发展成为政治清明、社会安定、经济总量世界第二、人均收入达到6500多美元的新兴大国，而这些又是在人均资源匮乏、依靠自我积累的条件下实现的，并在改革开放中形成了中国特色社会主义道路、理论和制度。这本画册就是想通过图文并茂的形式，展示中国65年来所走过的路程、所经历的大事、所遭遇的挫折、所取得的成就。

开天辟地
社会主义新中国屹立东方

1949年以前的中国是政治黑暗、经济凋敝、社会混乱、民不聊生的半殖民地半封建社会。从辛亥革命推翻帝制以来，先是陷入军阀割据和混战，随后国民党虽然名义上统一了中国，但许多地方政权和乡村仍然把持在军阀和土豪劣绅手中。在政治上，国民党实行独裁专制统治；在经济上，外国资本、官僚私人资本和国家资本控制了工商经济和金融，压迫着民族工商业；在农村，封建剥削压得农民喘不过气来，广大农民衣不蔽体、食不果腹，挣扎在死亡线上。由于国民党政府代表大地主、大资产阶级的利益，为维护其统治残酷压迫和剥削人民，实行恶性通货膨胀，导致物价飞涨，人民生产和生活都处于剧烈动荡和凋敝中。

1949年10月1日，中华人民共和国建立，标志着中国这个有着悠久历史和灿烂文化的文明古国进入了一个崭新的发展阶段。中华人民共和国的建立，不仅结束了中国自1840年以来的百年战乱和半殖民地半封建社会，从此走上富强民主的现代化道路，而且也改变了世界政治和经济格局。

从1949年9月30日召开的第一届中国人民政治协商会议通过《中国人民政治协商会议共同纲领》，到1954年9月召开第一届全国人民代表大会通过《中华人民共和国宪法》，新中国仅仅用5年的时间，就确立起人民当家做主的人民代表大会根本政治制度和中国共产党领导的多党合作与政治协商及民族区域自治的基本政治制度，彻底扫除了旧中国“官以贿成，刑以钱免”的政治黑暗、法治窳败。从而为新中国的经济发展、社会安定和文化繁荣提供了政治前提和保障。

经济建设方面，根据《共同纲领》的规定，实行新民主主义经济体制和方针政策，即在所有制结构上，实行国营经济领导下多种经济并存发展，“分工合作，各得其所”。在经济运行上，实行政府计划管理与市场调节相结合。发展经济的总方针为：“公私兼顾、劳资两利、城乡互助、内外交流。”首先，通过彻底的土地改革，消灭封建剥削制度，实现孙中山提出而没有实现的“耕者有其田”，这也是广大农民几千年的梦想。与此同时，人民政府还通过没收官僚资本，建立起真正为国家和全体人民所有的国营企业（后来也被称为“全民所有制企业”）。这些企业掌握了国家的经济命脉，主要集中于现代工业、交通和金融、外贸方面。对于广泛存在于城乡中的私营工商业，政府则采取了保护、利用和限制的政策，即保护民族工商业，利用和鼓励那些有利于国计民生的企业及经营，限制和改造那些不利于国计民生的企业及经营。

社会治理方面，人民政府通过乡村“清匪反霸”和土地改革，清除了寄生于封建经济上的土豪劣绅和地痞流氓；通过“城市民主改革”和“镇压反革命”，清除了长期形成的“盗匪横行”和黑社会组织；同时清除了诸如吸毒、嫖妓、赌博、纳妾等陋习和丑恶现象，使得社会风气和人民的精神面貌焕然一新。

外交政策方面，《共同纲领》明确规定了中国和平外交政策的原则：“为保障本国独立、自由和领土的完整，拥护国际的持久和平和各国人民间的友好合作，反对帝国主义的侵略政策和战争政策。”《共同纲领》规定必须取消帝国主义国家在中国的一切特权。新中国愿意与世界上一切国家友好相处。新中国愿意与遵守平等、互利及互相尊重领土主权等原则的外国政府建立外交关系。

1952年底，基本完成民主革命和国民经济的恢复任务后，如何加快工业化步伐、以尽快改变中国经济落后面貌，是中国共产党和人民政府的首要任务。而朝鲜战争爆发以后，中国的国家安全和统一事业受到威胁，也增加了工业化的紧迫感。但是，以传统农业和手工业为主的产业结构和非常分散的多种经济成分，使得资源和资金也非常分散，在资金、技术、人才都非常匮乏的条件下，这显然不利于跨越“贫困陷阱”，不利于实现优先发展重工业、快速建立独立工业体系。

在这个大背景下，由于重工业发展在整个经济发展中至关重要，以及它在保障国家安全方面的重要性，使得新中国选择了优先发展重工业的战略。正如经过毛泽东亲自修订的“党在过渡时期总路线”宣传提纲所说：“因为我国过去重工业的基础极为薄弱，经济上不能独立，国防不能巩固，帝国主义国家都来欺侮我们，这种痛苦我们中国人民已经受够了。如果现在我们还不能建立重工业，帝国主义是一定还要来欺侮我们的。”[1] 1953年，中国正式确定优先重工业的发展战略。这种经济发展战略具有以下几个特点：（1）以高速度发展为首要目标。（2）优先发展重工业。（3）以外延型的经济发展为主。外延型发展是指实现经济增长的主要途径是靠增加生产要素投入。（4）从备战和内向型经济需要出发，加快内地发展，改善生产力布局。（5）以建立独立的工业体系为目标，实行进口替代。

由于重工业投资大、建设周期长，产业的升级和人口转移一般是遵循从农业到轻工业再到重工业的发展规律，而在特定历史背景下，选择当时并不具备比较优势的重工业优先发展，就使得需要进行超越常规的制度安排才能完成跨越式的经济发展，这就是可以集中资源和实行高积累的计划经济和生产资料公有制。

1956年底，对农业、手工业和资本主义工商业的社会主义改造完成，公有制和计划经济体制基本建立，这标志着中国开始进入全面建设社会主义的历史阶段。一方面，中国已经是一个以公有制、计划经济和按劳分配为基础的社会主义国家；另一方面，中国又是在没有实现工业化、经济落后的情况下进入社会主义的，中国还是一个经济文化落后、人口众多、地域辽阔、发展非常不平衡的发展中大国。这就决定了中国的社会主义建设没有现成的经验可借鉴，只能在实践中进行艰苦的探索。

1.《为动员一切力量把我国建设成为一个伟大的社会主义国家而斗争——关于党在过渡时期总路线的学习和宣传提纲》，中共中央文献研究室编：《建国以来重要文献选编》第4册，中央文献出版社1993年版，第705页。

雄关漫道
探索建设社会主义道路

以生产资料公有制和计划经济为基础的社会主义制度在建立之初，就存在着如何处理计划与市场、中央与地方、积累与消费、重工业与农业和轻工业、国内与国外等关系的问题，微观经济也出现了“管得太死”和激励不足等问题。1956 年 9 月，中共八大对如何完善社会主义制度和各项政策进行了初步探索。大会正确分析了国内外形势和国内主要矛盾的变化，明确指出：由于社会主义改造已经取得决定性胜利，无产阶级同资产阶级之间的矛盾已基本解决，国内的主要矛盾，已经是人民对于建立先进的工业国的要求同落后的农业国的现实之间的矛盾，已经是人民对于经济文化迅速发展的需要同当前经济文化不能满足人民需要的状况之间的矛盾。全国人民当前的主要任务，就是要集中力量解决这个矛盾，把国家尽快地从落后的农业国变为先进的工业国。这些论述是社会主义制度建立起来以后中国共产党制定正确路线的基本指导思想。

大会确定了经济、政治、文化和外交工作的方针。在经济建设方面，强调要从国家财力物力的实际状况出发，坚持既反保守又反冒进即在综合平衡中稳步前进的方针，强调国家与集体经营、计划生产和国家市场是主体，一定范围内国家领导的个体经营、自由生产和自由市场作为补充。在政治关系方面，强调进一步扩大国家的民主生活，建立健全社会主义法制；共产党和各民主党派、无党派民主人士实行“长期共存，互相监督”的方针，坚持中国共产党领导的统一战线和多党合作。在科学文化建设方面，确定“百花齐放，百家争鸣”为发展科学和文化艺术的指导方针，提出努力创造社会主义的民族新文化。在对外关系方面，确定实行以互相尊重主权和领土完整、互不侵犯、互不干涉内政、平等互利、和平共处五项原则为基础的外交政策。

中共八大以后，按照大会确定的方针调整若干方面的经济关系和编制 1957 年经济计划；准备全党整风，正确处理日渐突出的人民内部矛盾。

如何正确处理人民内部矛盾，是社会主义改造完成后国家政治生活和经济生活面临的主要问题。1957 年 2 月，毛泽东在最高国务会议上发表《关于正确处理人民内部矛盾的问题》讲话，指出：社会主义社会充满着矛盾，社会主义社会的基本矛盾仍然是生产力和生产关系、经济基础和上层建筑之间的矛盾，不过社会主义社会的这些矛盾同旧社会的这些矛盾具有根本不同的性质和情况，可以通过社会主义制度本身的自我调整和完善，不断地得到解决。毛泽东的这篇讲话，总结了社会主义革命和建设中的历史经验，回答了社会主义改造基本完成后出现的新问题。毛泽东提出的严格区分两类不同性质矛盾、正确处理人民内部矛盾的理论，科学地阐明了社会主义社会的矛盾问题，是对科学社会主义理论的重要发展。

但是，上述有关经济建设和国家政治生活方面的有益探索，却由于1957年出现的反右斗争扩大化错误和1958年的“大跃进”运动遭受挫折。

1958年，中国共产党提出社会主义建设总路线，并开展经济建设的“大跃进”运动。“大跃进”运动的推行，表明中国共产党力图在探索中国自己的建设社会主义的道路中打开一个新的局面。它能够发动起来，反映了曾长期遭受帝国主义列强欺凌的中国人民站立起来之后求强求富的强烈渴望。从新中国成立到社会主义改造基本完成，短短几年内一连串接踵而至的胜利，使得人们相信中国富强的目标可以在一个较短的时间内实现。“大跃进”和人民公社化运动，是中国在探索自己的建设社会主义道路过程中的一次严重错误。

在“大跃进”运动造成的严重困难面前，中国共产党决心开展调查研究，纠正错误，调整政策，克服困难。1961年1月，中共八届九中全会正式决定对国民经济实行“调整、巩固、充实、提高”的八字方针，国民经济开始转入调整的轨道。

1962年1月11日至2月7日，中共中央在北京召开扩大的工作会议（七千人大会）。这次会议使党朝着正视现实、实事求是地认识“大跃进”运动以来实际工作和指导思想上的错误，又向前迈进了一步。由于七千人大会后采取了果断措施，经过全国人民的艰苦奋斗和各级干部的艰苦努力，经济调整工作很快取得成效。

20世纪60年代前期，世界上各种力量发生新的分化和改组，局势出现动荡。随着中苏之间的分歧扩大以及中美之间的矛盾加剧，中国周边的国际形势日趋紧张。这使中国共产党认为，帝国主义、修正主义和各国反动派在包围中国，从而也影响到党对国内形势的估量。

1962年9月，中共八届十中全会提出阶级、形势、矛盾问题，强调资本主义复辟的危险性，把社会主义社会一定范围内存在的阶级斗争进一步扩大化和绝对化。

1966年，“左”的错误的发展，导致了“文化大革命”的发生。这场长达十年的动乱，给中国社会主义建设事业造成了极其严重的损失。

1976 年 9 月 9 日，中国共产党、中国人民解放军、中华人民共和国的主要缔造者，中国人民的伟大领袖毛泽东逝世。10 月 6 日，中共党内极“左”势力的代表江青、张春桥、王洪文、姚文元“四人帮”被打倒。粉碎“四人帮”的胜利，结束了“文化大革命”这场灾难，从危难中挽救了中国的社会主义事业，为党和国家进入新的历史时期创造了前提。

中国在从 1956 年底开始全面建设社会主义到 1978 年改革开放以前的 22 年里，尽管经历了严重的曲折，但是社会主义建设仍然取得了很大的成就，并积累了不少有益的经验。

首先，在经济建设方面，保证了较快的经济发展速度。这个时期经济建设最突出的成就，是在一穷二白的基础上，初步建立起独立的、比较完整的工业体系和国民经济体系，包括大规模的水利设施，不仅为国家安全提供了保障，也为后来的发展奠定了坚实的基础。

第二，教育事业得到较快发展，特别是基础教育水平得到明显提高。旧中国是一个教育落后、文盲充斥的国家。新中国成立后，为了尽快改变这种教育落后面貌，大力发展教育，尤其是基础教育。在 1949 年到 1978 年期间，普通小学数量从 34.7 万所发展到 94.9 万所，在校学生从 2439 万人增加到 14624 万人，小学儿童入学率从 49.2% 提高到 95.5%；普通中学数量从 4045 所发展到 162345 所，在校学生从 103.9 万人增加到 6548.3 万人；普通高等学校从 205 所发展到 598 所，在校学生从 11.7 万人增加到 85.6 万人。这个时期基础教育的快速发展，为 1978 年改革开放以后的经济快速发展积累了丰富的人力资本。

第三，科技水平得到较大提高，取得一批重要科技成果，并培养出大批科技人才。在这个时期，中国在核技术，航空、航天技术领域，都取得了突破性进展，成就突出。1964 年 10 月，中国爆炸了第一颗原子弹；1965 年 9 月，首次人工合成结晶牛胰岛素；1967 年 6 月，爆炸了第一颗氢弹；1970 年 1 月，第一枚中远程导弹发射成功；1970 年 4 月，第一颗人造地球卫星发射成功；1972 年，农业科学家袁隆平育成籼型杂交水稻；1975 年，可回收人造地球卫星试验成功……这些成就表明，中国在尖端科技领域的某些方面正接近或赶上世界先进水平。

第四，国际地位得到明显提升。新中国在和平共处五项原则下一贯支持亚非拉地区的民族解放运动，并给予了力所能及的援助，并与这些发展中国家建立了友好关系。在这些国家的积极支持和争取下，1971 年 10 月，第二十六届联合国大会通过决议，恢复中华人民共和国在联合国的合法席位，从而为中国在国际事务中发挥更大的作用提供了舞台和条件。经过长期不懈的努力，中美关系正常化的大门终于被打开。1972 年 2 月，美国总统尼克松访华，中美双方在上海发表《联合公报》。同年 9 月，中日两国建立正常的外交关系。随着中美关系走向正常化，1972 年出现了西方国家与新中国建交的热潮，中国的外交格局发生重大变化。中国继 1964 年与法国建交后，又同英国、荷兰、联邦德国等国家建立了外交关系。同中国建交的国家，从 1965 年的 49 个增加到 1976 年的 111 个，其中 1970 年以后建交的国家为 62 个。中国在 20 世纪 70 年代与西方国家关系的重大转机，不仅在当时大大改善了中国所处的国际环境，也为后来中国实行对外开放创造了有利条件。

总之，成就虽然很大，但是教训也是深刻的。其中最重要的教训就是脱离中国的国情，在对社会主义的认识这个根本问题上发生了偏差。正如邓小平后来所指出的："问题是什么是社会主义，如何建设社会主义。我们的经验教训有许多条，最重要的一条，就是要搞清楚这个问题。"[2] 这一时期的失误及其深刻教训，对中国共产党和国家以后的工作有着重要的借鉴作用。

历史转折
改革开放席卷神州大地

1978 年 12 月召开的中国共产党十一届三中全会拉开了中国改革开放的序幕，中国的社会主义建设进入了一个新的历史时期。在解放思想、实事求是的思想路线指导下，中国共产党提出了以经济建设为中心，坚持四项基本原则、坚持改革开放的基本路线，并逐步形成中国特色社会主义理论，确立了中国特色社会主义发展道路，取得了举世瞩目的成就。

中共十一届三中全会开创中国特色社会主义

20 世纪 60 年代以来，新加坡、韩国以及香港、台湾地区快速崛起，

2.《邓小平文选》第三卷，人民出版社 1993 年版，第 116 页。

被称为“亚洲四小龙”。这些国家和地区在20世纪60年代到80年代，利用发达国家向发展中国家转移劳动密集型产业的机会，吸引境外资本和技术，利用本地的劳动力优势适时调整经济发展战略，经济迅速发展，人民生活水平显著改善。中国与它们的距离明显拉大。

1974年，邓小平到美国参加联合国大会并路经法国，看到了中国与发达国家的差距在拉大，中国必须加快发展的紧迫感，使他深入思考改革问题。1977年，邓小平恢复工作后，首先就于当年恢复了中断十年的高等教育入学考试，开通了公平选拔和培养人才的通道，随后在新中国第一次全国科学大会上，提出“科学技术是生产力”的论断。这在当时被称为“科学的春天”。

1978年上半年，邓小平推动“真理标准问题”的大讨论。他在视察黑龙江、辽宁、广东、四川时，鼓励地方干部解放思想、积极探索。关于“真理标准问题”的大讨论，为年底召开的十一届三中全会奠定了思想基础。

1978年12月18日至22日，中共十一届三中全会在北京召开。全会提出，应及时地、果断地把党和国家的工作着重点转移到社会主义现代化建设上来。从此，中国实现了以经济建设为中心、从僵化半僵化到全面改革、从封闭半封闭到对外开放的历史性转变。

1979年3月，邓小平指出：在中国要实现四个现代化，必须坚持社会主义道路、坚持无产阶级专政即人民民主专政、坚持共产党的领导、坚持马列主义毛泽东思想。这四项基本原则“是实现四个现代化的根本前提”。坚持“四项基本原则”表明，中国共产党所实行的改革开放，一开始就具有明确的社会主义方向。

针对国民经济中一些重大比例关系严重失调的状况和经济工作中急于求成的现象，中共中央于1979年4月召开工作会议，制定“调整、改革、整顿、提高”的八字方针，开始对国民经济进行调整。在调整经济的同时，经济体制改革也迈出步伐。

经济体制改革，首先在农村取得成功。1978年以后，各地农民纷纷恢复和创造了多种形式的农业生产责任制，“包产到户”迅速发展起来。1980年9月，中共中央发出加强和完善农业生产责任制的文件，首次突破多年来把“包产到户”等同于分田单干和资本主义的观念，肯定在生产队领导下实行的“包产到户”，不会脱离社会主义轨道，没有复辟资本主义的危险。“包产到户”、“包干到户”的家庭联产承包责任制迅速推广。

与此同时，城市经济体制改革也开始试点，如：逐步扩大企业自主权；把一部分中央和省、自治区直属企业下放给城市管理；实行政企分开；进行城市经济体制综合改革试点等。在企业扩权试点和农村生产责任制的影响下，经济责任制很快在城市企业中得到推广。这一时期，就业制度的改革也成效显著。在劳动就业问题上，改变计划经济体制下多年形成的对劳动力统包统配、动员城镇待业青年上山下乡的做法，制定了“解放思想，放宽政策，发展生产，广开就业门路”的方针，允许个体经营，拓宽就业渠道，从而初步解决了多年积累的城镇知识青年就业问题，也为进一步改善所有制结构、形成新的就业制度奠定了良好基础。

随着改革的推进，对外开放开始有重大突破。创办经济特区为实行对外开放提供了一个新的思路。1979 年 7 月，国务院决定对广东、福建两省的对外经济活动给以更多的自主权，扩大对外贸易，同时决定在深圳、珠海划出部分地区试办出口特区。1980 年，将“出口特区”改名为“经济特区”，决定在深圳、珠海、汕头和厦门设置经济特区。在来自全国各地的建设者的艰苦努力下，深圳、珠海这两个昔日落后的边陲小镇、荒滩渔村，不到四年就变成高楼矗立、初具规模的现代化城市，成为引进外资和先进技术的前沿地区。

改革开放和社会主义现代化建设的实践，使中国共产党对中国国情的认识更加深刻，对建设有中国特色社会主义的道路更加明确。

1987 年 10 月，中国共产党召开第十三次全国代表大会。大会的突出贡献，是比较系统地阐述了关于社会主义初级阶段的理论，完整地概括了党在社会主义初级阶段的基本路线。大会指出：社会主义初级阶段包括两层含义：第一，中国社会已经是社会主义社会，必须坚持而不能离开社会主义；第二，中国的社会主义社会还处在初级阶段，必须从这个实际出发，而不能超越这个阶段。基本路线是：领导和团结全国各族人民，以经济建设为中心，坚持四项基本原则，坚持改革开放，自力更生，艰苦创业，为把中国建设成为富强、民主、文明的社会主义现代化国家而奋斗。社会主义初级阶段理论的提出，为建设有中国特色的社会主义事业提供了有力的思想武器，是中国共产党人对科学社会主义理论的又一重大贡献。

根据邓小平提出的设想，大会确定了经济发展三步走的战略部署：第一步，到 1990 年底，实现国民生产总值比 1980 年翻一番，解决人民的温饱问题；第二步，到 20 世纪末，使国民生产总值再增长一倍，人民生活达到小康水平；第三步，到 21 世纪中叶，人均国民生产总值达到中等发达国家水平，人民生活比较富裕，基本实现现代化。

改革开放不断为社会事业的发展注入强劲的生机和活力。教育、科技、文化、新闻、出版、卫生、体育和其他社会事业通过体制改革，迅速发展并协力推进。高考的恢复、成人教育的兴起为现代化建设培养了大批专门人才和合格劳动者。1985 年 5 月，中共中央发出《关于教育体制改革的决定》，教育改革全面开展，教育投入的增加为教育改革和发展提供有力保障，全民受教育程度普遍提高。1985 年 3 月，中共中央发出《关于科学技术体制改革的决定》，科技改革迅速取得成效，使新中国建立之后几十年间积累的科技事业焕发出新的生机。1986 年制定的“星火计划”、1986 年 3 月制定的“863 计划”、1988 年制定的“火炬计划”都成为这一时期科技改革的亮点，顺应了 80 年代初期以来科技全球化的世界潮流。

为了解决好香港、澳门和台湾问题，邓小平提出了“一国两制”的构想，这是世界政治制度史上的首创。1984 年 12 月，中英签署《关于香港问题的联合声明》；1987 年 4 月，中葡签署《关于澳门问题的联合声明》，成功地解决了历史遗留下的领土主权问题，也为和平解决台湾问题提供了思路。在此基础上，经过努力，1997 年，中国政府顺利恢复对香港行使主权，1999 年，又恢复对澳门行使主权，并实现了台湾海峡两岸“三通”。在国际关系方面，邓小平根据二战后三十多年来国际政治经济格局的变化，对中国外交进行了重大的具有实质意义的战略调整。邓小平提出：和平与发展是当今世界的主题。这一著名论断开辟了超越意识形态的全方位外交、独立自主不结盟外交、务实外交的新局面。

中国特色社会主义在重大考验中推进

1984 年到 1988 年，中国经济经历了一个加速发展的飞跃时期。国民生产总值从 7171 亿元增加到 14928 亿元；国家财政收入从 1642.86 亿元增加到 2357.24 亿元；社会商品零售总额从 3376.4 亿元增加到 7440 亿元。外贸进出口总额从 535.5 亿美元增加到 1027.9 亿美元；实际利用外资从 27.05 亿美元增加到 102.26 亿美元。农业和工业、农村和城市、改革和发展相互促进的生动局面形成，整个国民经济提高到一个新水平。

在加速发展过程中，也出现了一些问题。这主要是物价波动较大，通货膨胀加剧，重复建设严重，经济运行过热。1984 年到 1988 年，国民收入只增长 70%，而全社会固定资产投资增长 214%，城乡居民货币收入增长

200%，投资和消费的增长与国民收入增长的比例严重失调。1988年夏季，在经济秩序特别是流通秩序的混乱状况没有得到扭转的情况下，准备放开大部分商品价格，实行价格改革“闯关”。但这一决策未能充分考虑国家、企业和群众的承受能力，结果诱发全国性抢购风潮，影响了社会的安定。为扭转严峻的经济形势，1988年9月，中共十三届三中全会决定，用一段时间治理经济环境、整顿经济秩序，扭转物价上涨幅度过大的态势，创造理顺价格的条件，更好地推进改革和建设。经过一年左右的治理整顿，取得初步效果，一度过旺的社会需求开始得到控制，过高的工业生产速度有所回落。

正当治理整顿工作需要进一步推进以解决一些深层次问题时，改革开放和经济建设的进程受到严重干扰。1989年春夏，极少数别有用心的人利用政府工作的失误，利用人民群众对腐败现象的不满，掀起了一场政治风波。政治风波平息后，中国继续沿着改革开放的道路前进。

中国成功地挫败了国际反华势力企图扭转中国社会主义方向的图谋。在1989年春夏之交的政治风波后，以美国为首的西方国家对中国实行“制裁”，中国面临着极大压力和考验。对于这一复杂、严峻的国际形势，邓小平及时做出透彻分析，提出了冷静观察、稳住阵脚、沉着应付、韬光养晦、善于守拙、决不当头、有所作为的战略策略方针。在这一方针指导下，中国在国际上坚持原则，顶住压力，利用矛盾，多做工作，有力地维护了国家的主权和尊严，不断开拓对外工作的新局面。到1992年，中国已同154个国家建立了外交关系，同200多个国家和地区发展了贸易、科技、文化交流与合作。中国赢得了更加有利的国际环境和周边环境。

人间正道
中国巨变令世界瞩目

随着苏联解体和东欧国家剧变，战后形成并长期存在的东西方冷战格局结束，世界政治多极化、经济全球化、文化多元化的新格局不断发展。世界形势的这种大变动、大改组，对中国有着巨大的影响。世界出现多极化趋势，西方国家加紧了对原社会主义国家的争夺和渗透；一些发展中国家抓住经济全球化进程加快的时机呈现强劲发展势头；中国尽管挫败了西方国家的“制裁”，但面临的严峻挑战仍然存在。这种复杂的形势使很多人的思想发生困惑。一些人对社会主义前途缺乏信心，一些人对改革开放提出了姓“社”还是姓“资”的疑问，对党的基本路线产生了动摇。这样，能不能在国内外的各种压力和困难面前，毫不动摇地坚持党的基本路线，把改革开放和社会主义现代化建设继续推向前进，就成为进入 20 世纪 90 年代中国共产党必须解决的重大问题。

邓小平南方谈话与中共十四大

1992 年 1 月 18 日至 2 月 21 日，邓小平先后视察武昌、深圳、珠海、上海等地。视察途中，他发表谈话强调：党的基本路线要管一百年，动摇不得。改革开放胆子要大一些，敢于试验。判断的标准，应该主要看是否有利于发展社会主义社会的生产力，是否有利于增强社会主义国家的综合国力，是否有利于提高人民的生活水平。计划多一点还是市场多一点，不是社会主义与资本主义的本质区别。社会主义的本质，是解放生产力，发展生产力，消灭剥削，消除两极分化，最终达到共同富裕。

邓小平南方谈话科学地总结了中共十一届三中全会以来的基本实践和基本经验，从理论上深刻回答了长期困扰和束缚人们思想的许多重大认识问题，是将改革开放和现代化建设推向新阶段的又一个解放思想、实事求是的宣言书。1992 年 10 月，中国共产党召开第十四次全国代表大会。这次大会作出三项具有深远意义的决策：一是确立了邓小平建设有中国特色社会主义理论在全党的指导地位；二是明确经济体制改革的目标是建立社会主义市场经济体制；三是要求全党抓住机遇，加快发展，集中精力把经济建设搞上去。

以邓小平南方谈话和中共十四大为标志，中国社会主义改革开放和现代化建设事业进入新的发展阶段。

建立社会主义市场经济体制过程中成功实施宏观调控

中共十四大以后，中国继续沿着中国特色社会主义道路阔步前进。在建立社会主义市场经济体制的深刻变革进程中，既实现经济快速增长，又成功地进行宏观调控，在各个领域取得了巨大成就。

1993 年 11 月，中共十四届三中全会通过《中共中央关于建立社会主义市场经济体制若干问题的决定》，将经济体制改革目标和基本原则进一步具体化。按照建立社会主义市场经济体制的要求，从 1994 年起，国有企业改革从以往的放权让利、政策调整进入到转换机制、制度创新阶段。同时，中央政府还大步推进财政、税收、金融、外贸、外汇、计划、投资、价格、流通、住房和社会保障等方面的体制改革。粮、棉、油等主要农产品，钢材等重要生产资料的价格相继放开；中央银行的职能加强，商业银行的企业化改革逐步推进；外贸体制和外汇管理体制改革取得重大进展。国家宏观调控体系逐步健全，市场在资源配置中的基础性作用明显增强，加快经济发展的条件更加具备。广大干部群众热情高涨，中国呈现改革开放全面推进、经济建设快速发展的蓬勃景象。

在加快改革和经济发展的过程中，由于旧的调控机制逐渐失效，新的宏观调控机制尚未完善，致使出现了房地产热、开发区热以及乱集资、乱拆借、乱设金融机构，投资规模过度扩大，物价上涨等问题，影响了国民经济的健康发展。中共中央及时发现这些问题，果断作出加强宏观调控的决策。

经过三年的努力，宏观调控取得显著成效。过度投资得到控制，金融秩序迅速好转，物价涨幅明显回落，通货膨胀得到抑制。与此同时，中国经济依然保持了较高的发展速度，实现了从发展过快到“高增长、低通胀”的“软着陆”，避免了大起大落。

1996 年 10 月，中共十四届六中全会专门就加强社会主义精神文明建设作出决议，对新形势下的精神文明建设做了具体部署和规划，强调要以科学的理论武装人，以正确的舆论引导人，以高尚的精神塑造人，以优秀的作品鼓舞人，培育有理想、有道德、有文化、有纪律的社会主义公民。这个决议的贯彻，使社会主义精神文明建设得到进一步加强，为继续深化改革、加快发展，创造了良好氛围。

进入 20 世纪 90 年代，世界范围的新技术和新兴产业蓬勃兴起，发达国家进入新一轮经济调整周期。随着经济发展和人民生活水平的提高，中国国内也面临廉价劳动力优势日渐消退、产业升级的压力。综合国力的竞争越来越首先表现在科技实力的竞争上。1995 年，中共中央和国务院把科教兴国和可持续发展作为国家发展的重大战略。在科技进步和教育普及的基础上，努力提高劳动生产率和资源利用率，合理利用资源，保护和改善自然环境。在经济发展的同时，各项社会事业也取得显著进展。2001 年，全国儿童入学率达 99.1%，初中入学率达到 80%以上，超过发展中国家平均水平，青壮年文盲下降到 5%以下。中国实现了“基本普及九年义务教育、基本扫除青壮年文盲”的目标，教育事业得到显著发展。

抓住经济全球化机遇

20 世纪 90 年代以来，经济全球化加快步伐。为了适应经济全球化的新形势和发展开放型经济的新要求，中国必须在更大范围、更广领域和更高层次上参与国际经济合作和竞争；要在全方位、多层次、宽领域的对外开放新格局基础上，充分利用国内、国际两个市场、两种资源，从而拓展中国的发展空间，以开放促发展，进一步融入世界。

为加快市场经济体制的建立，并与国际贸易规则相适应，1994 年以后，中国连续对关税及非关税壁垒措施进行大幅度削减，使价格机制的作用逐步取代数量限制手段。主要内容包括：（1）连续大幅度降低关税，缩减配额及许可证管理的商品范围。（2）双重汇率并轨，实行有管理的浮动汇率制度，使汇率开始发挥对贸易及国际收支的调节功能。（3）加强对外贸易法制化管理，颁布了《中华人民共和国对外贸易法》及一些相应的实施细则。（4）取消外汇管制，实现人民币经常项目下的可兑换。（5）取消外贸承包制，按照现代企业制度改组国有外贸企业。

1997 年 12 月，国务院召开了全国外资工作会议，这是改革开放以来的第二次外资工作会议。会议提出利用外资要着眼于提高国民经济素质和效益，增强综合国力和国际竞争力。会议要求进一步推进利用外资工作，特别是继续努力增加外汇收入，加强对外债的统一管理，深化对外贸易体制改革，促进对外贸易增长，注意发展和保护自己，建立健全反垄断、反补贴、反倾销法律法规。

2001 年 9 月 17 日，在日内瓦召开的世界贸易组织中国工作组第 18 次正式会议，通过中国入世议定书及附件和中国工作组报告书。这标志着中国加入世界贸易组织的谈判全部结束。2001 年 12 月 11 日，中国正式加入世界贸易组织（WTO），成为第 143 个成员。

提出“三个代表”重要思想

1978 年改革开放以来，中国不仅在经济上发生了巨大变化，在政治体制、法治建设、社会结构以及文化思想上也发生了巨大变化。随着温饱问题的解决，民众的政治诉求增加，阶层分化加快，收入差距拉大，环境压力加大，加上市场经济体制尚未健全，社会经济、政治生活出现一些无序状态，这些都对中国共产党的组织建设、作风建设和执政能力建设提出新的要求。基于对国内外形势、党肩负的历史任务、党自身建设实际的清醒认识和准确把握，江泽民在2000年春首次提出中国共产党应该做到“三个代表”：只要我们党始终成为中国先进社会生产力的发展要求、中国先进文化的前进方向、中国最广大人民的根本利益的忠实代表，我们党就能永远立于不败之地。“三个代表”的思想和要求，进一步回答了在改革开放和发展社会主义市场经济条件下，“建设一个什么样的党和怎样建设党”这一直接关系党和国家前途命运的重大问题。“三个代表”重要思想是中国共产党的立党之本、执政之基、力量之源。

科学发展
全面建设小康社会

1978年改革开放以来，中国经济实现了持续快速增长，经过二十多年的发展，到20世纪末，中国经济和人民生活已经达到小康水平，实现了温饱，创造了令世界惊奇的伟大成就。但是，中国正处于并将长期处于社会主义初级阶段，现在达到的小康还是低水平的、不全面的、发展很不平衡的小康，人民日益增长的物质文化需要同落后的社会生产之间的矛盾仍然是社会的主要矛盾，实现工业化和现代化还有很长的路要走。综观全局，21世纪头二十年，对中国来说，是一个必须紧紧抓住并且可以大有作为的重要战略机遇期，必须在21世纪头二十年，集中力量，全面建设惠及十几亿人口的更高水平的小康社会，使经济更加发展、民主更加健全、科教更加进步、文化更加繁荣、社会更加和谐、人民生活更加殷实。这是实现现代化建设第三步战略目标必经的承上启下的发展阶段，也是完善社会主义市场经济体制和扩大对外开放的关键阶段。

全面建设小康社会和提出科学发展观

2003年7月，胡锦涛提出“科学发展观”概念。10月，《中共中央关于完善社会主义市场经济体制若干问题的决定》正式阐释了科学发展观。全会强调：要按照统筹城乡发展、统筹区域发展、统筹经济社会发展、统筹人与自然和谐发展、统筹国内发展和对外开放的要求，更大程度地发挥市场在资源配置中的基础性作用，为全面建设小康社会提供强有力的体制保障。这是不断探索促进全面发展、协调发展和可持续发展的新思路新途径。

2006年10月，《中共中央关于构建社会主义和谐社会若干重大问题的决定》提出构建和谐社会必须遵循六大原则：一是必须坚持以人为本，二是必须坚持科学发展，三是必须坚持改革开放，四是必须坚持民主法治，五是必须坚持正确处理改革发展稳定的关系，六是必须坚持在党的领导下全社会共同建设。

2007年，中共十七大对科学发展观的内涵作出深刻的概括：发展是科学发展观的第一要义；以人为本是科学发展观的核心；全面协调可持续是科学发展观的基本要求；统筹兼顾是科学发展观的根本方法。

科学发展观成为21世纪中国经济社会发展的重要指导方针，成为发展中国特色社会主义必须坚持和贯彻的重大战略思想。

加快政府职能转变步伐

为了进一步转变政府职能，需要进行相应的机构改革。根据中共十六届二中全会审议通过的《关于深化行政管理体制和机构改革的意见》，2003年3月，十届全国人大一次会议通过《国务院机构改革方案》。这次政府机构改革的目的是，进一步转变政府职能，改进管理方式，推进电子政务，提高行政效率，降低行政成本。改革目标是，逐步形成行为规范、运转协调、公正透明、廉洁高效的行政管理体制。改革的重点是，深化国有资产管理体制改革，完善宏观调控体系，健全金融监管体制，继续推进流通体制改革，加强食品安全和安全生产监管体制建设。

2003年8月27日，十届全国人大常委会第四次会议审议通过《中华人民共和国行政许可法》，并决定该法于2004年7月1日起实施。《行政许可法》的实施，是推进法治型政府建设的又一重大举措，它带来了政府行政工作的深刻变革，具有重要的里程碑意义。

从管理型到服务型的职能转变是政府工作改革的关键。政府职能的最终转变依赖于国家公务员队伍的行为方式转变。2005年4月27日，十届全国人大常委会第十五次会议通过《中华人民共和国公务员法》，2006年1月1日正式实施。《公务员法》的颁布、实施，是社会主义民主法制建设史上的一件大事，标志着公务员管理进入了法制化的新阶段，标志着中国特色公务员制度形成。

加大解决“三农”问题力度，实现城乡统筹发展

进入新世纪后，中国经济社会发展进入加速转型阶段，城乡差距扩大，“三农”问题更加突出和严峻。中共十六大在总结发展经验的基础上，明确提出实施城乡统筹发展战略的要求：“统筹城乡经济社会发展，建设现代农业，发展农村经济，增加农民收入，是全面建设小康社会的重大任务。”随着国民经济快速发展和工业化进入后期，到了“以工补农，以城带乡”的历史阶段。农业税在中国财政收入中的比重逐步变小，2004 年已降至不到 1%。2004 年 3 月 5 日，温家宝总理在政府报告中宣布，中国将从 2004 年起，逐步降低农业税税率，平均每年降低 1 个百分点，5 年内取消农业税。

2005 年 12 月 29 日，十届全国人大常委会第十九次会议通过《关于废止中华人民共和国农业税条例的决定》。新中国实施了近 50 年的农业税条例被依法废止，一个在中国延续两千多年的税种宣告终结。取消农业税这一重大举措，得民心、顺民意，不仅有利于促进农业、农村的发展和农民的富裕，而且关系到实现国家长治久安和民族伟大复兴。

贯彻一系列“三农”政策，“十一五”期间中国粮食生产连续五年增产，总产量连续四年稳定在一万亿斤以上，这在历史上是从未有过的。“菜篮子”产品增长迅速，供应充足，品种丰富，肉蛋奶、水产品，蔬菜、茶叶、水果等，总体上产量都在稳步增加。农民收入增长迅速，五年间平均增速超过“七五”以来各个时期。农业物质技术装备条件得到改善，2010 年农作物耕种收综合机械化率达到 52%，比 2005 年提高 16 个百分点；农业科技进步贡献率超过 52%，比“十五”末期提高近 5 个百分点。

大力促进社会主义文化的发展繁荣，建设创新型国家

“十五”计划第一次提出“文化产业”的新概念，将文化分为文化事业和文化产业，强调发展文化产业是市场经济条件下繁荣社会主义文化、满足人民群众文化需求的重要途径。打破了传统计划经济体制下的国家统包统管文化事业的模式，使市场在合理配置文化资源中的基础性作用得以充分发挥。

2006 年，文化部颁布《国家“十一五”时期文化发展规划纲要》。国家投入文化事业和产业的经费大幅度增长，2006 年全国公共财政文化体育与传媒经费支出为 685 亿元，“十一五”期间以年均 23% 的速度增长。

2009年7月，国务院常务会议审议通过中国第一部文化产业专项规划《文化产业振兴规划》，标志着文化产业已经上升为国家的战略性产业。2011年10月，《中共中央关于深化文化体制改革推动社会主义文化大发展大繁荣若干重大问题的决定》，首次提出文化产业是国民经济支柱性产业。随后中共中央办公厅、国务院办公厅印发《国家"十二五"时期文化改革发展规划纲要》，提出推动文化产业跨越式发展，实现文化产业"逐步成长为国民经济支柱性产业"目标。2012年2月28日，文化部发布《文化部"十二五"时期文化产业倍增计划》，明确了"十二五"时期文化系统文化产业指导思想、发展思路、发展目标、主要任务、重点行业和保障措施。这一规划的制定出台对"十二五"期间文化系统文化产业发展有着重要指导意义。2012年，中国文化产业总产值突破了4万亿元。文化产业法人单位实现增加值18071亿元，占国内生产总值的比值为3.48%，比上年增长16.5%，比同期国内生产总值现价增速高6.8个百分点，文化产业对当年经济总量增长的贡献为5.5%。

在文化产业大发展的同时，中国推进公共文化服务体系建设，落实文化惠民措施。2005年，明确提出加大政府对文化事业的投入，逐步形成覆盖全社会的比较完备的公共文化服务体系。按便利、基本、均等、普惠的原则，国家投资实施文化信息资源共享工程、广播电视村村通、农家书屋、农村电影放映工程、乡镇综合文化站建设工程等五项文化惠民工程，以保障人民群众看电视、听广播、读书看报、进行公共文化鉴赏、参与公共文化活动等文化权益。

进入新世纪以来，新一轮科技革命迅猛发展，国际经济科技竞争日趋激烈。1999年，中国提出建设国家创新体系的设想，努力为高新技术成果商品化、产业化提供有效的体制保障，改变中国在全球化的产业价值链处于低端地位的状况。2006年，《国家中长期科学和技术发展规划纲要（2006-2020年）》提出增强自主创新能力，建立以企业为主体，产业科技、国家科技和学院科技结合协同创新的体系；并从财税、金融、政府采购、知识产权保护、人才队伍建设等方面制定一系列政策措施，为建设创新型国家保驾护航。

中国科技研发投入伴随着国内生产总值快速增长不断提高，"十一五"期间，研发投入资金平均每年以20%以上幅度的增长，从2006年的3000亿元，增长到2011年的8610亿元，占国内生产总值的比重从1.42%提升到1.83%，上升为世界的第三位。到2013年，研发经费支出达到11906亿元，占国内生产总值的比重上升为2.09%。

随着科技人才队伍的壮大（2010 年，中国科技人力资源总量达 5700 万人，居世界首位）和研发经费的增加，中国科技创新成果迭出：在纳米技术标准化方面，中国已与世界同步，积极参与并部分主导了国际纳米技术标准工作。在空间遥感、信息安全、海洋装备和碳纤维材料等科研领域也取得了一系列重大突破。2000 年 10 月，中国自行研制的第一颗“北斗导航试验卫星”发射成功。2012 年，“北斗二号”完成区域组网并正式提供卫星导航服务。2007 年 10 月 24 日，中国第一颗自主研制的月球探测卫星“嫦娥一号”成功发射，实现中国人的登月梦想。2010 年 10 月，“嫦娥二号”到达距地球 150 万公里以外的深空进行探测。2010 年 11 月，国防科学技术大学研制的“天河一号”超级计算机以每秒2570万亿次的实测运算速度跃居世界第一。2011 年 11 月 8 日，“萤火 1 号”与俄罗斯的采样返回探测器一起发射升空，开始对火星的探测研究。“萤火 1 号”是中国火星探测计划中的第一颗火星探测器。2012 年 6 月 27 日，中国“蛟龙号”深海载人潜水器 7000 米级海试最大下潜深度达 7062 米，再创中国载人深潜纪录。

实施的载人航天工程的发展代表了中国科技发展的速度。2003 年 10 月 15 日，首飞航天员杨利伟的身影出现在浩瀚太空。2008 年 9 月 27 日下午，“神舟七号”飞船轨道舱舱门徐徐开启，航天员翟志刚出舱“太空漫步”，并挥舞五星红旗向人们致意，中国正式成为第三个掌握出舱技术的国家。2012 年 6 月，“神舟九号”载人飞船与“天宫一号”目标飞行器顺利实现首次空间交会对接。2013 年 6 月，中国航天员聂海胜、张晓光、王亚平驾乘“神舟十号”载人飞船再次成功实现与“天宫一号”目标飞行器自动和手动控制交会对接，巩固了空间交会对接技术。女航天员王亚平在太空向中国的几千万中学生授课。

融入经济全球化，积极参与国际事务

进入新世纪以后，随着中国经济的快速发展和对世界经济发展的拉动作用越来越大，中国本着互利共赢的宗旨，更快、更主动地融入世界经济全球化进程，在国际经济和国际组织中发挥着越来越大的作用。2001 年 4 月，中国主导并发起成立“博鳌亚洲论坛”，同年 6 月成立上海合作组织，同年 12 月中国加入世界贸易组织。

2005 年 9 月，中国国家主席胡锦涛在联合国成立 60 周年的首脑会议上发表题为《努力建设持久和平、共同繁荣的和谐世界》的讲话，第一次系统阐述了“和谐世界”理念。他说：“应该从四个方面建设和谐世界：第一，坚持多边主义，实现共同安全；第二，坚持互利合作，实现共同繁荣；第三，坚持包容精神，共建和谐世界；第四，坚持积极稳妥方针，推进联合国改革。”

2008年11月，中国参加在美国华盛顿召开的二十国集团（G20）首次首脑峰会并发挥了重要作用。2009年6月，中国参加“金砖四国”领导人首次峰会；在此前后成立中非合作论坛、中阿合作论坛、中国—太平洋岛国经济发展合作论坛、中国—加勒比经贸合作论坛。2009年，世界银行发展委员会通过发达国家向发展中国家转移投票权的改革方案，中国的投票权从2.77%提高到4.42%，并在2012年进一步提高到6.39%，仅次于美国和日本。2012年，中国在联合国正常预算中的会费比例提高到5.15%，比1999年的0.97%提高四倍多。上述事实都显示出中国以更加积极的姿态活跃在国际舞台上。

2008年8月，第29届夏季奥运会在北京举行，80多位外国政要出席开幕式，204个国家和地区奥委会派出代表团，有6万多名运动员、教练员和官员参加，成为有史以来参加国别和运动员最多的运动会。全球45亿观众见证了迄今为止奥运史上规模最大的一次聚会。2010年，中国在上海举办第41届世界博览会。这是中国首次举办的综合性世界博览会。博览会总投资达450亿元人民币，成为世界博览会史上最大规模投资。七千多万人次参观，创下历届世博会之最。这两次国际盛会为中国赢得了赞誉，也大大提升了中国的国际地位。

长风破浪
实现中华民族伟大复兴的中国梦

2012年11月8日，中共十八大在北京召开，为中国的发展道路描绘出新的宏伟蓝图，中国人民将为实现中华民族伟大复兴而继续奋斗。

十八大以来，习近平总书记发表一系列重要讲话，展示了新一届中央领导集体治国理政的总体思路。在处理好改革发展稳定关系的基础上，坚持和完善人民代表大会制度、社会主义协商民主制度，完善中国特色社会主义法律体系，维护社会公平正义，发展中国特色社会主义政治成为题中之义。中共十八大以来，人民群众有序参与国家事务的手段进一步丰富，社会主义民主政治建设有序推进，立法工作科学化、民主化进一步加强，社会主义民主政治建设更加稳健发展。

全面建成小康社会

2012 年 11 月，中共十八大对全面建成小康社会目标提出了新的要求、做出了新的部署，提出到 2020 年全面建成惠及十几亿人口的更高水平的小康社会。

2020 年全面建成的小康社会，是发展改革成果真正惠及十几亿人口的小康社会，是经济、政治、文化、社会、生态文明全面发展的小康社会，是为实现社会主义现代化建设宏伟目标和中华民族伟大复兴奠定坚实基础的小康社会。根据五位一体总体布局，全面建成小康社会的目标包括以下五个方面的内容。

一是经济持续健康发展。这主要体现在六个方面：（1）转变经济发展方式取得重大进展；（2）实现两个“倍增”，即国内生产总值和城乡居民人均收入比 2010 年翻一番；（3）科技进步对经济增长的贡献率大幅上升，进入创新型国家行列；（4）工业化基本实现，信息化水平大幅提升，城镇化质量明显提高，农业现代化和社会主义新农村建设成效显著；（5）区域协调发展机制基本形成；（6）对外开放水平进一步提高，中国经济的国际竞争力明显增强。

二是人民民主不断扩大。总的要求是：发展更加广泛、更加充分、更加健全的人民民主，使民主制度更加完善、民主形式更加丰富，人民积极性、主动性、创造性进一步发挥；更加注重发挥法治在国家治理和社会管理中的重要作用，维护国家法制统一、尊严、权威，实现依法治国基本方略全面落实，法治政府基本建成，司法公信力不断提高，人权得到切实尊重和保障。

三是文化软实力显著增强。（1）社会主义核心价值体系深入人心；（2）坚持依法治国和以德治国相结合，使公民文明素质和社会文明程度明显提高；（3）实现文化产品更加丰富，公共文化服务体系基本建成，文化产业成为国民经济支柱性产业；（4）中华文化走出去迈出更大步伐，不断增强中华文化国际影响力。

四是人民生活水平全面提高。(1)基本公共服务均等化总体实现;(2)全民受教育程度和创新人才培育水平明显提高,进入人才强国和人力资源强国行列;(3)就业更加充分;(4)收入分配差距缩小,中等收入群体持续扩大,扶贫对象大幅减少;(5)社会保障全覆盖,人人享有基本医疗卫生服务,住房保障体系基本形成;(6)社会和谐稳定。

五是资源节约型、环境友好型社会建设取得重大进展。(1)优化国土空间开发格局,使主体功能区布局基本形成;(2)全面促进资源节约,初步建立资源循环利用体系;(3)加大自然生态系统和环境保护力度,单位国内生产总值能源消耗和二氧化碳排放大幅下降,主要污染物排放总量显著减少;(4)实施重大生态修复工程,实现森林覆盖率提高,生态系统稳定性增强,人居环境明显改善。

实现中华民族伟大复兴的中国梦

2012年11月29日,习近平总书记率中央政治局常委到国家博物馆参观“复兴之路”展览。习近平指出:“每个人都有理想和追求,都有自己的梦想。现在,大家都在讨论中国梦,我以为,实现中华民族伟大复兴,就是中华民族近代以来最伟大的梦想。这个梦想,凝聚了几代中国人的夙愿,体现了中华民族和中国人民的整体利益,是每一个中华儿女的共同期盼。”“我坚信,到中国共产党成立100年时全面建成小康社会的目标一定能实现,到新中国成立100年时建成富强民主文明和谐的社会主义现代化国家的目标一定能实现,中华民族伟大复兴的梦想一定能实现。”

2013年3月17日,习近平在第十二届全国人民代表大会第一次会议闭幕会上进一步阐释中国梦:“实现全面建成小康社会、建成富强民主文明和谐的社会主义现代化国家的奋斗目标,实现中华民族伟大复兴的中国梦,就是要实现国家富强、民族振兴、人民幸福,既深深体现了今天中国人的理想,也深深反映了我们先人们不懈追求进步的光荣传统。”实现中国梦,必须走中国道路,即中国特色社会主义道路;必须弘扬中国精神,即以爱国主义为核心的民族精神和以改革创新为核心的时代精神;必须凝聚中国力量,即全国各族人民大团结的力量。实现伟大复兴是全民族的共同梦想,海内外全体中华儿女应同心共圆中国梦。

中共十八大以来,习近平提出中国梦和对中国梦内涵的全面阐述,丰富了中国特色社会主义理论，已经成为全面建成小康社会和实现新中国建立一百年时的奋斗目标的指导思想。

全面深化改革的顶层设计

中共十八大以来，中共中央反复强调，改革开放是实现“两个一百年”奋斗目标、实现中华民族伟大复兴的关键一招。面对新形势、新任务，中国必须通过全面深化改革，着力解决发展面临的一系列突出矛盾和问题，不断推进中国特色社会主义制度自我完善和发展。为此，2013 年 10 月，中共十八届三中全会重点研究了全面深化改革问题，通过了《中共中央关于全面深化改革若干重大问题的决定》。《决定》要求，紧紧围绕使市场在资源配置中起决定性作用深化经济体制改革；紧紧围绕坚持党的领导、人民当家做主、依法治国有机统一深化政治体制改革；紧紧围绕建设社会主义核心价值体系、社会主义文化强国深化文化体制改革；紧紧围绕更好保障和改善民生、促进社会公平正义深化社会体制改革；紧紧围绕建设美丽中国深化生态文明体制改革；紧紧围绕提高科学执政、民主执政、依法执政水平深化党的建设制度改革。全面深化改革的总目标是完善和发展中国特色社会主义制度，推进国家治理体系和治理能力现代化。《决定》谋划了未来中国改革和制度建设的走向和目标，合理布局了全面深化改革的战略重点、优先顺序、主攻方向、工作机制、推进方式和时间表、路线图，形成了改革理论和政策的一系列新的重大突破，是指引未来中国改革的纲领性文献。

从严治党，依法治国

中国特色社会主义是在中国共产党领导下的伟大事业。2013 年 1 月，习近平总书记指出，实现党的十八大确定的各项目标任务，实现“两个一百年”目标，实现中华民族伟大复兴的“中国梦”，必须把党建设好。党风廉政建设和反腐败斗争，是党的建设的重大任务。2013 年 4 月 19 日，中共中央政治局决定从 2013 年下半年开始，用一年左右时间，围绕保持党的先进性和纯洁性，在全党深入开展以“为民、务实、清廉”为主要内容的党的群众路线教育实践活动，整治形式主义、官僚主义、享乐主义、奢靡之风。2014 年 3 月，习近平总书记又对领导干部提出了“三严三实”的要求，即：严以修身、严以用权、严以律己，谋事要实、创业要实、做人要实。

从严治党的另一个重要举措，就是惩治腐败。中共十八大以来，治理腐败的事实和成果说明，不论什么人，不论职务多高，只要触犯了党纪国法，都要受到严肃追究和依法惩处。

为了从根本上遏制党员干部腐败问题，2013 年 1 月，习近平总书记在中共第十八届中纪委第二次全体会议上提出："要加强对权力运行的制约和监督，把权力关进制度的笼子里，形成不敢腐的惩戒机制、不能腐的防范机制、不易腐的保障机制。"2013 年以来进行的改革党的纪律检查体制，加强反腐败工作体制机制创新，完善纪委派驻机构管理、改进中央巡视制度等都贯彻了这个思想。坚持用制度管权管事管人，建立起决策科学、执行坚决、监督有力的权力运行体系，已经成为十八大以来党的建设重要内容。

法治是中国特色社会主义的基本制度和政治目标。没有法治，中国的民主政治建设、经济社会发展就没有保障，国家治理体系的现代化就无从谈起。2013 年 2 月，习近平总书记在中央政治局第四次集体学习时提出"坚持依法治国、依法执政、依法行政共同推进，坚持法治国家、法治政府、法治社会一体建设，不断开创依法治国新局面"。

《关于全面深化改革若干重大问题的决定》明确提出了"让人民群众在每一个司法案件中都感受到公平正义"的目标，并从维护宪法法律权威、深化行政执法体制改革、确保依法独立公正行使审判权检察权、健全司法权力运行机制和完善人权司法保障制度等多个方面推动司法体制改革。

实施创新驱动发展战略

2013 年，中国进入工业化后期阶段，人均国内生产总值已经超过 6500 美元，进入世界中等收入偏高的国家行列。2013 年末，中国的城镇化率已经达到 53.73%，并进入城镇化加速阶段。中国的经济增长速度在经历了 30 多年的年均 9.8% 的高速增长期后，目前中国的经济发展开始进入年均增长 7% 左右的 "新常态" 。在这个阶段，过去那种依靠要素成本优势驱动、大量投入资源和消耗环境的经济发展方式已经难以为继，中国不仅必须转变发展方式，通过科技创新来优化产业结构，实现产业由劳动密集型向资本密集型和技术密集型的升级，而且同时要保障产业结构调整过程中富余劳动力和庞大的新增劳动力的充分就业，保障收入分配更加合理。

为了顺应经济发展规律，加快经济发展方式的转变，保障2020年全面建成小康社会目标的实现，必须充分利用市场和政府两只手的作用。

一是加快政府职能转变，减少行政审批，破除垄断，鼓励小微企业发展，充分发挥市场机制在微观经济运行中的决定性作用。2013年，国务院分批取消和下放了416项行政审批等事项，2014年，国务院将进一步简政放权，再取消和下放行政审批事项200项以上。2014年7月8日，国务院印发《关于促进市场公平竞争维护市场正常秩序的若干意见》，明确了简政放权、依法监管、公正透明、权责一致和社会共治等基本原则。

二是为加快经济发展方式转变，制定和实施创新驱动发展战略。2014年8月18日，习近平主持召开中央财经领导小组第七次会议，研究实施创新驱动发展战略。习近平在会议上强调，创新始终是推动一个国家、一个民族向前发展的重要力量。习近平阐述了实施创新驱动发展战略的四点意见。一是紧扣发展，牢牢把握正确方向。要跟踪全球科技发展方向，努力赶超，力争缩小关键领域差距，形成比较优势。二是强化激励，大力集聚创新人才。三是深化改革，建立健全体制机制。四是扩大开放，全方位加强国际合作。

中国外交新理念

中共十八大以来，以习近平为总书记的新一届中央领导集体，面对新形势新任务，准确把握国内国际两个大局新变化，着眼长远利益和战略全局，在保持外交大政方针延续性和稳定性的基础上，开展一系列重大外交活动，提出许多重大对外战略思想、外交政策和外交新理念，推进外交理论和实践创新，不仅为国家发展创造了有利的外部条件，而且丰富和发展了中国特色外交理论和实践。

中国鲜明地提出当今世界的时代主题：和平、发展、合作、共赢成为时代潮流。和平是各国福祉的基础，发展是大趋势，合作是道路，共赢是目标，中国高举和平发展、合作共赢的旗帜。在国际秩序建设上，中国主张建立以合作共赢为核心的新型国际关系，共同享受尊严、发展成果和安全保障，共同遵守处理国际事务的民主原则。中国坚持新型国家利益观，坚持正确义利观，主张在维护争取本国利益时也兼顾他国利益，把本国利益与他国利益相结合。中国倡导综合安全、共同安全、合作安全的新安全观，互信、互利、平等、协作是中国新安全观的核心内容。中国倡导以民为本的新国际观，主张创造更多合作机遇，提高合作水平，让发展成果更好惠及各国人民，让世界上每一个国家都有和平稳定的社会环境，让每一个国家的人民都能安居乐业。中国倡导“上海精神”，即“互信、互利、平等、协商，尊重多种文明，谋求共同发展”，这应是区域合作组织的新合作观。中国倡导人类命运共同体意识。2013年4月7日，国家主席习近平在博鳌亚洲论坛2013年年会上，发表题为“共同创造亚洲和世界的美好未来”的主旨演讲。他说：“人类只有一个地球，各国共处一个世界。共同发展是持续发展的重要基础，符合各国人民长远利益和根本利益。我们生活在同一个地球村，应该牢固树立命运共同体意识，顺应时代潮流，把握正确方向，坚持同舟共济，推动亚洲和世界发展不断迈上新台阶。”

中国的发展离不开世界，世界的发展也需要中国。中国从未像今天这样与外部世界的命运紧密相联。中国将坚定不移走和平发展道路，坚定不移奉行独立自主的和平外交政策，坚定不移奉行互利共赢的开放战略。中国人民将同世界人民一道维护世界和平，促进共同发展，构建人类命运共同体。

中国

1949-2014

壹 | 1949～1956

China

1949 年 10 月 1 日，中华人民共和国成立，开启了中华民族伟大复兴的新纪元。百年战乱，造成旧中国积贫积弱、百废待兴，中国人民渴望建立一个富强、民主、文明的新国家。在中国共产党的领导下，全国人民代表大会制度、政治协商制度、民族区域自治制度等一整套中国特色的社会主义根本政治制度、基本政治制度确立。从 1949 年到 1952 年底，新中国继续完成新民主主义革命遗留的任务。通过统一财经，彻底结束了长达 13 年的通货膨胀；通过土地改革，真正实现了“耕者有其田”；通过没收官僚资本建立了国有经济；通过调整工商业实现了多种经济成分“分工合作，各得其所”。这些制度变革和政策实施，大大解放了社会生产力，新中国仅用 3 年时间，就完成了国民经济的恢复任务，并从 1953 年开始转入大规模经济建设。

1953 年，中国开始实施第一个经济建设五年计划，这是中国有史以来最大规模的经济建设。为了突破资本短缺的“贫困陷阱”和国家安全的需要，中国选择了社会主义工业化道路，开展了对农业、手工业和资本主义工商业的社会主义改造，仅用 4 年时间就基本建立起公有制和计划经济。

中央政府提出了大力发展教育和“百花齐放，百家争鸣”方针，提出“向科学进军”，提倡“古为今用，洋为中用”，在积极学习外国先进文化和科技的同时，对中国传统文化实行“取其精华，弃其糟粕”，积极发展中医、中药，恢复和改造传统戏曲等，使得这个时期的教育、科学和文化蒸蒸日上。

中华人民共和国的建立对世界的发展具有重大意义。新中国一成立，就立即废除了帝国主义在中国的一切特权，提出了平等互利的外交政策，并与十几个国家建立了外交关系。1954 年，中国在万隆会议上提出和平共处五项原则，为推动世界和平发展作出了重要贡献。中国这个古老东方大国，经历了一百多年的苦难，终于挺立在世界面前。新中国的成立，不仅改变了中国的面貌，也改变了世界的政治和经济格局。

01 | 中华人民共和国成立

1949年10月1日，中华人民共和国成立。从此，民族独立，人民解放，中国从半殖民地半封建社会进入新民主主义社会，开始了向社会主义社会的过渡。中华人民共和国的成立，为国家富强、民族振兴、人民幸福开辟了崭新的道路。

1949 年 10 月 1 日，中华人民共和国开国大典在北京天安门广场隆重举行。毛泽东主席庄严宣告：“中华人民共和国中央人民政府今天成立了！”

02 多党合作和政治协商制度

中国共产党领导的多党合作和政治协商制度是中国的一项基本政治制度。各民主党派是参政党，参与国家大政方针和国家领导人选的协商，以及国家事务的管理。中国人民政治协商会议履行政治协商、民主监督、参政议政等职能，在国家政治生活、社会生活和国家建设中，在维护国家统一和对外友好活动中，发挥着重要作用。

1949 年 6 月 15 日至 19 日，新政治协商会议筹备会首次会议在北平召开。图为会议现场。

03 颁布《中华人民共和国婚姻法》

1950 年 5 月 1 日，《中华人民共和国婚姻法》开始实施。这是新中国制定的第一部具有基本法性质的法律。《婚姻法》规定："废除包办强迫、男尊女卑、漠视子女利益的封建主义婚姻制度。实行男女婚姻自由、一夫一妻、男女权利平等，保护妇女和子女合法利益的新民主主义婚姻制度。"《婚姻法》把广大妇女从封建婚姻的桎梏中解放出来，保护了妇女权益，提高了妇女地位，改变了旧社会的陋俗，社会风貌焕然一新。

1953 年 3 月 18 日，北京西单区贯彻《婚姻法》委员会召开宣传《婚姻法》街道群众大会。这是会后分组讨论"《婚姻法》有什么好处"的情形。

04 | 废除帝国主义在中国的特权

新中国成立后，中央人民政府制定政策和措施，在全国范围内取消了帝国主义在中国的一切特权。废除旧中国签订的不平等条约，肃清帝国主义在中国的势力和影响，巩固新中国的独立，恢复国家主权的完整，为在平等互利的基础上发展同其他国家的政治、经济和文化关系创造了条件。

1950 年春，北京市军事管制委员会收回外国在北京的兵营，彻底废除帝国主义在中国的一切特权。图为驻有外国兵营的东交民巷使馆区。

05 | 建立国有经济

新中国成立后，人民政府通过没收把持国民经济命脉的官僚资本和建立新的国营企业，建立起社会主义性质的国有经济，《共同纲领》规定其在国民经济中处于领导地位，为国民经济迅速恢复发展和后来向社会主义过渡奠定了基础。

1950 年初，唐山市开滦煤矿职工集会庆祝中央人民政府代管开滦煤矿。

06 | 统一财经

1950 年 3 月，中央人民政府颁布统一财经的制度和法令，保证了财政收支平衡，结束了国民党统治时期长期的恶性通货膨胀和物价飞涨的局面，为国民经济的恢复发展奠定了制度基础。

1951 年 10 月，华北区城乡物资交流展览会在天津市举行。图为各地贸易代表团在交易合同上签字。

07 | 进行土地改革

1950 年 6 月，中央人民政府颁布《中华人民共和国土地改革法》。土地改革是中国人民在中国共产党领导下彻底铲除封建剥削制度的一场深刻的社会革命，为现代民主政治制度深入农村铺平了道路，并为逐步进行社会制度变革和实现社会主义工业化建设奠定了基础。土地改革完成后，为解决一家一户经营的生产困难，农业生产互助合作运动很快在全国范围开展起来。发展不同形式的互助合作组织，适合当时农村生产力的发展水平，促进了农业生产的发展。

1950 年，农村土地改革实现了“耕者有其田”。图为一位老贫农分到土地，喜气洋洋。

1953年，浙江省嘉兴县沈三山互助组全组26户农民，喜获粮食丰收。组员们正在将粮食晒干扬净，准备将8万斤余粮卖给国家。

08 | 迅速恢复国民经济

从 1949 年 10 月到 1952 年底，中央人民政府领导进行了统一财经收支、稳定物价、恢复交通运输、调整工商业等一系列工作，建立起国有经济领导下多种经济成分并存发展的所有制结构和以市场调节为基础的加强政府计划管理的经济运行机制，促进了国民经济的迅速恢复和发展，工农业总产值比 1949 年增长 77.5%，人民生活得到改善。

1953 年，经过三年的经济恢复，中国的航运事业转入快速发展。这是一家造船厂制造的一批新轮船。

09 新中国外交起步

新中国独立自主地屹立在世界东方，迎来第一次建交热潮。苏联是第一个承认新中国的国家。到 1950 年 11 月，中国先后与 6 个亚洲国家和 12 个欧洲国家建立了外交关系，并向全世界昭示了“一个中国”的根本原则。对外关系逐步展开，有利于国民经济的恢复和发展，有利于新中国进入国际社会。

1949 年 10 月 2 日，苏联首先承认中华人民共和国。10 月 3 日，中苏正式建交。图为 1949 年 10 月 16 日，毛泽东接受苏联第一任驻中国大使罗申呈递的国书。

10 提出过渡时期总路线

随着国民经济恢复任务的完成和国家转入大规模经济建设，1953 年，中共中央提出“党在过渡时期的总路线”，标志着中国开始从新民主主义向社会主义转变。“总路线”的实质是用三个“五年计划”左右的时间逐步实现生产资料的社会主义改造和社会主义工业化。

从 1953 年开始，中国政府对粮食采取统购统销政策，保障国家建设和人民生活的基本需要。图为 1954 年秋，湖北农民积极向国家出售余粮。

1956年1月，北京市手工业者热烈庆祝全市手工业基本上实现合作化。

1956年1月20日，上海市举行资本主义工商业申请公私合营大会。图为上海市工商界代表手持申请书走出会场。

11 | 进行“一五”计划建设

彻底改变中国的贫穷落后面貌，是近百年来中国人民的强烈愿望。经过三年的努力，国民经济恢复任务基本完成。从1953年起，中国转入大规模经济建设，并开始实施发展国民经济的第一个五年计划（1953–1957）。“一五”计划的主要任务是集中主要力量发展重工业，建立国家工业化和国防现代化的初步基础。“一五”时期，中国经济建设取得很大成绩，为综合国力的增强奠定了良好基础。

1954年4月23日，鞍钢大型轧钢厂试轧成功十五号大型角钢。角钢是建筑厂房、架设桥梁的主要材料，也是制造火车、轮船、汽车等所必需的材料。

1956年元旦，经过3年多的建设，宝成铁路广（元）略（阳）段通车。

12 | 建设新型工业和现代化大型企业

“一五”计划针对重工业基础十分薄弱的国情，重点建设钢铁、能源、电子、机械制造、国防等许多过去薄弱或没有的新型工业部门。新中国生产出第一辆汽车，造出第一架喷气式飞机，拥有了沈阳第一机床厂、富拉尔基重工业基地等一大批现代化大型企业或工业基地，实现了中国工业发展史上的飞跃。

1959 年 12 月 25 日，中国自主设计的一座大型洗煤厂——河北省邯郸洗选厂提前建成。该厂的全部现代化生产设备，都是中国自制的。

沈阳第一机床厂作为新中国第一批现代化大型企业之一，所生产的机床在 20 世纪 60 年代就享誉国内外。图为 1956 年 9 月，外国客人参观该厂。

13 社会主义改造基本完成

从1955年下半年到1956年，中国完成对农业、手工业和资本主义工商业的社会主义改造。生产资料私有制的社会主义改造基本完成，确立了社会主义基本制度。这是探索适合中国国情的社会主义发展道路上的重要尝试。从此，中国走上社会主义建设道路。

1955年8月，四川省新繁县新农乡举行入社报名大会，有1000多户的个体农民报名入社。

1956年1月15日，北京举行庆祝社会主义改造胜利联欢大会。图为毛泽东收到工商界代表送上的喜报。

14 | 召开第一届全国人民代表大会

中华人民共和国的一切权力属于人民，人民通过全国人民代表大会和地方各级人民代表大会行使国家权力。全国人民代表大会是最高国家权力机关，对人民负责，受人民监督。人民代表大会制度是中国人民当家做主的根本政治制度。人民代表大会制度是中国特色社会主义制度的重要组成部分，也是支撑中国国家治理体系和治理能力的根本政治制度。

中华人民共和国第一届全国人民代表大会第一次会议于 1954 年 9 月 15 日在北京怀仁堂开幕。

15 | 实施第一部《中华人民共和国宪法》

1954 年 9 月 20 日，第一届全国人民代表大会第一次会议通过《中华人民共和国宪法》。这是中国第一部社会主义宪法，反映了广大人民建设社会主义的共同愿望。它的制定与实施，为社会主义民主和社会主义法治建设奠定了初步基础，为社会主义社会的确立提供了法律保障。

1954 年 7 月，新疆民族学院学生讨论《中华人民共和国宪法（草案）》。

1952年，中央人民政府颁布《中华人民共和国民族区域自治实施纲要》，确立民族区域自治制度。民族区域自治，即各少数民族聚居的地方在国家的统一领导下实行区域自治，行使自治权。中国是统一的多民族国家，民族区域自治是国家的一项基本政治制度。

1956年5月2日，拉萨市3万多藏、汉、回族人民，在布达拉宫前人民广场欢庆西藏自治区筹备委员会成立。

17 | ## 开展扫除文盲运动

新中国成立之初，中国的文盲率高达 80% 以上。为了改变文化落后状况和发展经济，从 1952 年开始，中国政府在大力发展教育的同时，还开展了轰轰烈烈的扫盲运动，在工厂、农村、部队、街道等领域普遍开设各种类型的扫盲班，组织学习文化，推广知识。1964 年全国第二次人口普查结果表明，15 岁以上人口的文盲率下降到 52%，一亿多人摘除了文盲的帽子，书写了中国教育史的新篇章，创造了人类历史上的奇迹。

1952 年，扫盲运动在全国迅速展开。1956 年，湖北省孝感县朋兴乡三个老妈妈在“小先生”的帮助下认字。

开幕典礼

18 | 第一个科技发展规划

新中国采取一系列措施发展科技教育事业。《1956—1967 年科技发展远景规划》，是新中国制订实施的第一个长期科技发展规划，也是最成功、最有影响的发展规划，迅速改变了中国科技、教育的落后面貌，对中国的科教兴国产生了巨大而深远的影响。

1958 年 9 月 23 日，科学技术新成就展览会在北京开幕，展出的成果鼓舞人心。图为展览会的开幕式。

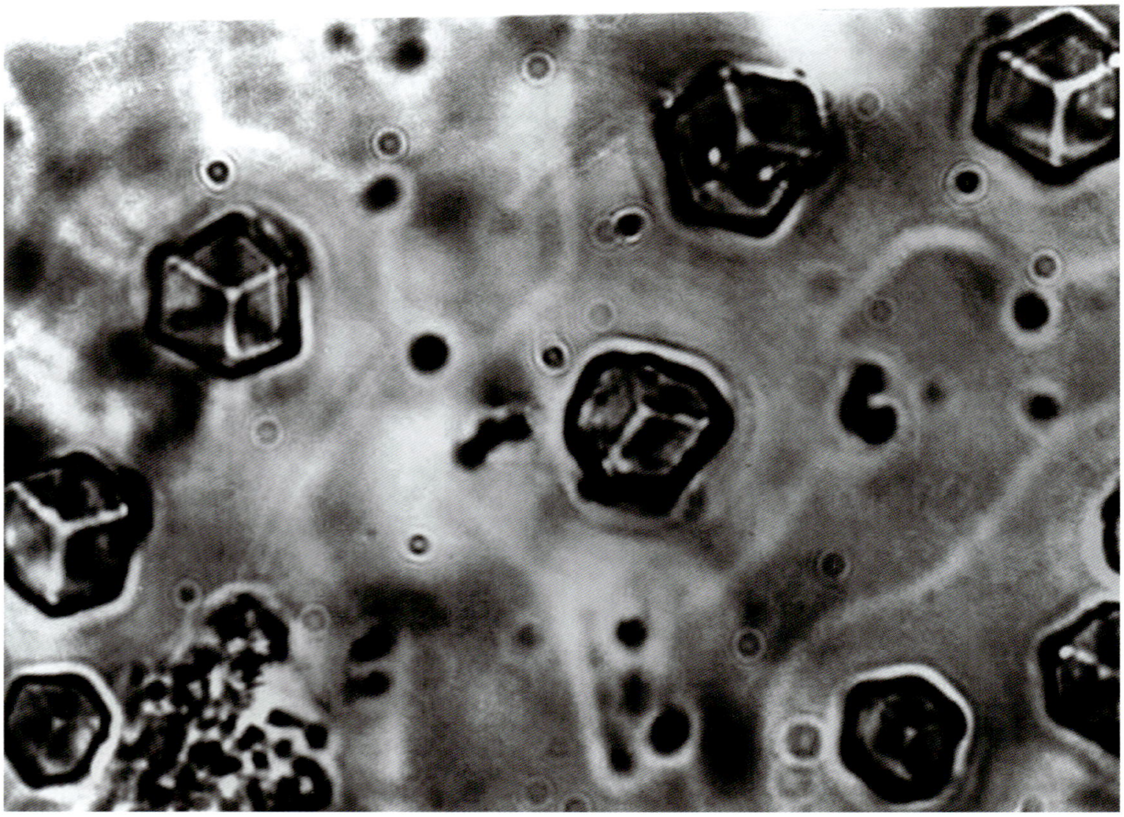

1965 年，中国科学家首次用化学方法合成了具有生物活性的蛋白质——结晶牛胰岛素，人类在揭开生命奥秘的道路上又向前迈了一大步。上图：科研人员将人工合成物注入小白鼠体内，测验它的生物活力。下图：高倍显微镜下的人工合成蛋白质。

19 保护和发展中医

中医中药是中国人民在长期生产生活和与疾病的斗争中不断丰富发展起来的医学科学，是中国传统文化中的宝贵财富。国务院十分重视中医药的继承和发展，在发掘和整理重要文献资料、开展中草药科研以及培训中医医生和中药人员等方面，采取了一系列有效措施，大力发展中医药事业。中医药和西医药共同增进了人民健康，这是中国医药卫生事业的重要特征。

1956 年 7 月 27 日，周恩来接见中华医学会等五学会联合举行的全国会员代表大会代表。图为周恩来和四川成都中医大夫黄济川握手。

20 | 百花齐放 百家争鸣

中央政府积极倡导发扬民族文化优良传统。1956 年 5 月，毛泽东在最高国务会议上宣布"百花齐放、百家争鸣"作为发展科学、繁荣文化的指导方针。在这个方针的指引下，文艺创作欣欣向荣，优秀作品不断涌现。1964 年公演的大型音乐舞蹈史诗《东方红》，代表着新中国音乐舞蹈创作的最高成就和舞台艺术的最高水平；歌剧《江姐》，则是中国歌剧史上的丰碑；小说《红旗谱》、《红日》、《青春之歌》、《山乡巨变》、《创业史》等一批优秀文学作品相继出版。百花齐放，推陈出新，开辟了中国社会主义文化事业蓬勃发展的新纪元。

传统昆曲剧目《十五贯》通过生动的艺术形象，批判了主观主义和官僚主义，赞扬了实事求是、调查研究的科学态度，深受广大观众欢迎。

大型音乐舞蹈史诗《东方红》中的一节：《伟大的节日》。

采莲船是流行于陕西农村中的一种优美的民间舞蹈，在“百花齐放”文化艺术方针的指导下，采莲船和各种民间舞蹈都获得了迅速的发展。

21 倡导和平共处五项原则

新中国外交的重要任务，是改善和发展同邻近民族独立国家的关系。1953年，周恩来在北京接见印度代表团时，首次系统提出和平共处五项原则。1954年，中印、中缅分别发表联合声明，确认和平共处五项原则是相互关系的指导原则，并认为这些原则也适用于亚洲国家关系和一般国际关系。和平共处五项原则不仅成为中国外交政策的基石，也成为国际关系基本准则和国际法基本原则。

1955年4月，周恩来代表中华人民共和国出席在印度尼西亚万隆召开的首届亚非会议。图为周恩来在会上发言。

1954 年，新中国首次以五大国之一的地位和身份参加重要国际会议——日内瓦会议。图为 4 月 26 日，周恩来率领中国代表团步入会场。

22 | **探索中国社会主义建设规律**

在一个贫穷落后、人口众多的国家建设社会主义，是一个非常困难和复杂的问题，只能在探索的实践中解决。1956年，毛泽东发表《论十大关系》的讲话，提出“以苏为鉴”，要探索适合中国情况的建设社会主义的道路。随后召开的中共八大，从中国实际出发，总结出多项符合国情的社会主义建设思想和政策。

1956年5月2日，毛泽东在最高国务会议上作《论十大关系》的报告。

1956年9月15日至27日，中国共产党第八次全国代表大会在北京举行。中共八大制定的路线为全面建设社会主义指明了方向。

中国

1949-2014

贰 | 1957~1978

China

在实施“一五”计划和进行社会主义改造的过程中，中国共产党一直在探索适合中国国情的发展道路，1956年苏共二十大暴露出苏联存在的问题后，更加坚定了毛泽东探索中国自己道路的决心，1956年9月召开的中共八大对如何完善社会主义制度和各项政策进行初步探索。但是由于缺乏经验和受“一五”计划提前完成的鼓舞，“急于求成”的思想导致了“大跃进”运动的发生。为了克服经济困难和公有制经济缺乏活力等问题，全国提倡“自力更生、艰苦奋斗”。

1966-1976年发生了“文化大革命”。

从1957年到1976年所出现的“左”的错误，毕竟只是这段历史的一个局部，“大跃进”运动和“文革”尽管是全局性的失误，但仍然不能涵盖这个时期的整个工作，中国人民并没有放弃对国家富强和美好生活的追求，而是为之艰苦奋斗，取得了很多值得赞叹的成就。例如在航空、航天、原子能、工业成套设备、农业机械等方面，无数个熠熠生辉的“第一”被创造出来。中国从无到有基本建立起独立的、门类比较齐全的工业体系和国民经济体系。经过大规模的水利建设，基本控制了江河水患，大大提高了农田灌溉面积。在这个时期，由于实行优先发展重工业的高积累政策，人民生活水平改善不多，但是中小学教育的普及、农村医疗的全面覆盖（“赤脚医生”）和“五保”制度的普遍推行，使得人民生活得到低水平的基本保障。

这个时期国际环境发生重大变化。面对美苏争霸的冷战格局和南北差距扩大的发展矛盾，中国坚定地站在发展中国家方面，一如既往地支持亚非拉人民反对霸权、加快发展，并因此得到世界大多数国家的友好回应。1971年，中华人民共和国恢复在联合国的合法席位，以此为开端，到1976年，与中国建交的国家已达111个，为后来的对外开放奠定了基础。

1976年9月毛泽东逝世。“四人帮”倒台标志着“文革”内乱的结束。中国开始转入“拨乱反正”和集中精力搞建设。从1976年10月“文革”结束到1978年12月中共十一届三中全会召开前的两年，是在徘徊中前进和酝酿改革开放的两年。

01 正确处理人民内部矛盾

1957 年，毛泽东发表了《关于正确处理人民内部矛盾的问题》的讲话。他指出，在社会主义社会中，基本矛盾仍然是生产关系和生产力、上层建筑和经济基础之间的矛盾。这些矛盾，可以通过社会主义制度本身的自我调整和自我完善不断地解决。毛泽东的社会主义矛盾学说，是对科学社会主义理论的重要发展，是中国改革开放的重要理论基石，对中国的社会主义建设具有深远的指导意义。

1957 年 5 月 8 日，武汉市居民在新华书店翻阅新印出来的《关于正确处理人民内部矛盾的问题》的活页文选。

02 | 发扬艰苦奋斗精神

“大跃进”时期，为了国家的富强和民族的振兴，中国人民破除迷信、意气风发、节衣缩食、艰苦奋斗。这种艰苦奋斗精神是中华民族的宝贵财富。人民的辛勤劳动取得一些实际成果，所修建的农田水利工程以及后来形成了生产能力的工业设施，在相当长时期内发挥着效益，科学技术特别是尖端科技也有可喜的发展。但是，1958 年发动的“大跃进”运动，违反了自然规律和经济规律，造成巨大损失，教训深刻。

“大跃进”期间，山东省邹平县平原地区人民积极支援山区建设。图为该县苑城乡支援山区建设工程大队的民工们正在向山区进发。

03 | 克服国民经济严重困难

1959 年至 1961 年，中国遭遇连续三年的严重自然灾害，加上严重的工作失误，造成大幅度的粮食减产，物资极度匮乏。中国人民发扬自力更生、艰苦奋斗的精神，增加生产，厉行节约，努力克服难以想象的困难，顽强地屹立在世界的东方。

三年自然灾害期间，江苏省江阴县 52 所农业中学，坚持半耕半读，积极开展农副业生产，大搞多种经营，实现了生产养校。图为学生们在修理脱粒机。

04 | 提出“四个现代化”建设

从 1961 年到 1965 年，国民经济调整取得巨大成功，整个国民经济全面好转，经济建设进入新的发展时期。1964 年，周恩来在政府工作报告中提出，要在不太长的历史时期内，把中国建设成为一个具有现代农业、现代工业、现代国防和现代科学技术的社会主义强国。实现国家的“四个现代化”，成为中国人民坚定的奋斗目标。

1966 年 5 月，湖北省孝感县卧龙公社金星大队，自力更生，勤俭创业，在占用劳力最多、影响农业高产的主要生产环节上初步实行机械化，农业生产得到飞跃发展。图为金星大队主要依靠自己积累购进的手扶拖拉机。

1969年9月，在“独立自主，自力更生”方针的指引下，一座现代化的首钢初轧厂基本建成并试轧成功。图为进行试轧时的情形。

05 兴修水利

新中国对治理江河水患和农田水利基本设施建设极为重视，投入大量人力财力，持久不懈地治理江河，基本消除了大的洪涝灾害。兴建的大型水利工程设施达到了灌溉、发电等综合利用的显著效果。短短几年里建成的农田水利工程，让国家和人民在后来的几十年里持续受益。

红旗渠是20世纪60年代，河南林县人民历尽艰难险阻，苦战十个春秋修建的一条“人工天河”，总干渠长104里，解决了林县50多万人的饮水、灌溉问题。图为红旗渠的一段。

1950 年，新中国第一个全流域的治水工程——淮河治理开始。图为百万民工劳动在治淮工地上。

06 | 实现石油基本自给

1949 年前，中国石油工业的基础十分薄弱。新中国成立后，大力发展石油工业。大庆油田、胜利油田和大港油田相继产油，渤海湾地区勘探局面业已打开。到 1965 年底，中国原油产量达到 1131 万吨，基本实现了国内消费石油产品的全部自给。

1959 年，在东北松辽盆地，石油科技人员找到工业性油流。经过三年艰苦卓绝的努力，石油工人建成了大庆油田。图为第一口油井试喷成功，大庆工人热烈欢呼。

图为 1965 年 9 月，克拉玛依油田的工人正在钻井台上操作。

07 | 开展三线建设

1964 年，在国际形势发生变化的背景下，中国开始实施三线建设重大战略决策，在西南、西北地区的 13 个省、自治区进行以备战为目的的大规模国防、科技、工业、电力和交通设施建设。三线建设有效地缩小了西部地区和东部地区的差距，西部地区的一些省份通过三线建设跨入工业化建设时代。

1969 年 9 月 28 日，第二汽车制造厂大规模施工建设在湖北省十堰市正式拉开序幕。汽车厂建成，对于改善全国经济布局，带动当地经济发展，发挥着积极作用。

08 | 两弹一星

20 世纪 60 年代和 70 年代初，中国科学家艰苦奋斗、无私奉献，自行研制成功原子弹、导弹和人造地球卫星。“两弹一星”极大地加强了国防和科技实力，振奋了民族精神。“两弹一星”是新中国科技成就的标志，在导弹、人造卫星、遥感与制控等方面为中国航天事业的进一步发展打下了基础。

1970 年 4 月 24 日，中国第一颗人造地球卫星“东方红”1 号发射成功，中国成为世界上第五个拥有卫星的国家。

1964年10月16日15时，中国第一颗原子弹爆炸成功。

09 | 提高铁路运输能力

1975 年，经过整顿，铁路运输能力迅速提高。铁路运输基本上做到了“四通八达，畅通无阻”。营运里程增加，运货量大幅度增长，煤炭、木材等重点物资运输按时完成任务。全年运货量近 9 亿吨，铁路工业总产值达到最高水平。

1975 年，新建成的采用电气新技术、新设备的铁路蚌埠东站。

10 发展教育事业

新中国对教育资源最为缺乏的农村加大财力和人力的投入，增加学校数量和招生人数，完善基础教育体系，使广大农家子弟获得了受教育的机会。发展中小学教育，很快提高了人口素质，发展了生产力。

新中国成立十年来，福建省上杭县才溪乡各项事业获得蓬勃发展，人民生活水平不断提高，不仅普及了小学教育，还建起了一所完全中学。

11 赤脚医生

20世纪60年代和70年代，随着农村医疗卫生事业的逐步发展，农村产生了一些半农半医的医疗卫生人员，他们手中一根银针，一把草药，就能治疗一般的疾病，被农民亲切地称呼为“赤脚医生”。“赤脚医生”掌握一定的医疗医药卫生知识，基本满足了当时农村大多数农民的初级医护需求，为缓解一些农村地区缺医少药的紧急情况做出了不可磨灭的贡献。“赤脚医生”也为建立切合农民利益的农村合作医疗制度提供了有益的经验。

1971年，广东省陵水县“赤脚医生”学校的师生在采药过程中进行现场教学。

12 发展体育运动

1959年9月13日至10月3日，新中国第一届全国运动会在北京隆重举行。比赛项目有田径、体操、游泳等36个，表演项目有自行车、击剑等6项。运动会期间，有7人4次打破世界纪录，664人884次打破106项全国纪录，充分展示了新中国日益发展的体育事业。

1961年4月，第26届世界乒乓球锦标赛在北京举行，中国男女乒乓球队分别获得团体赛冠亚军。这是参加男子团体赛的5名中国男子选手庄则栋、王传耀、容国团、李富荣、徐寅生。

地
社
会

1959 年 9 月 13 日，第一届全国运动会在新落成的北京工人体育场举行。

13 | 恢复联合国合法席位

20 世纪 70 年代，中国同其他国家的关系日益发展，得到广大发展中国家的支持。1971 年 10 月 25 日，第二十六届联合国代表大会表决通过 2758 号决议，恢复中华人民共和国在联合国的一切合法席位，包括安理会常任理事国席位。从此，中华人民共和国在国际事务中发挥着日益重要的作用。

1971 年 10 月 25 日，第二十六届联合国大会通过决议，恢复中华人民共和国在联合国的合法席位。图为五星红旗在联合国总部升起。

14 打开中美关系正常化大门

20世纪70年代，国际局势发生重大变化。中美两国改善关系成为共识。1972年2月21日至28日，美国总统尼克松访华，《中美联合公报》在上海签署。1979年，中美两国建立正式外交关系。

1972年2月21日至28日，美国总统尼克松访问中国，中美关系开始走向正常化。图为1972年2月21日毛泽东会见尼克松。

15 | 对外关系迅速发展

随着中国在联合国合法席位的恢复和中美关系的改善，许多国家相继与中国建立正式外交关系。同中国建交的国家，1965年为49个，1976年增加到111个。中外关系的迅速发展，为1978年后的改革开放创造了有利的国际环境。

1972年9月29日，日本外务大臣大平正芳在北京宣布，即日起中日两国建立大使级外交关系。

16 引进外国的先进技术

1974年，中国计划从美国、联邦德国、法国等国家进口43亿美元的成套工业技术设备。这是继第一个五年计划期间引进苏联帮助建设的156项重点工程之后，中国大规模采用外国先进技术设备发展经济的又一次尝试。引进外国先进技术，为中国经济的发展奠定了重要基础。

20世纪70年代中期，四川化工厂从国外引进大型化肥设备，并在较短的时间内掌握了外国先进技术与管理经验。图为化工厂散装仓库一角。

17 | 反思“文化大革命”

“文化大革命”，给国家建设事业造成严重损失，历史教训是多方面的，值得深刻反思和总结。邓小平说：“我们根本否定‘文化大革命’，但应该说‘文化大革命’也有一‘功’，它提供了反面教训。没有‘文化大革命’的教训，就不可能制定十一届三中全会以来的思想、政治、组织路线和一系列政策。”事实证明，正确总结“文化大革命”的严重教训，可以成为推动中国历史前进的宝贵精神财富。

中国人民自力更生、艰苦奋斗、靠自己的力量建成的南京长江大桥于1968年12月29日通车。

18 拨乱反正

为纠正“文化大革命”的错误影响，1977 年中共十一大有力推动拨乱反正工作，平反冤假错案，纠正对教育的错误估计，澄清科学领域的是非，破除文艺领域的精神枷锁。一系列的拨乱反正措施，使国家政治生活正常秩序得到逐步恢复。

1978 年 3 月 18 日，全国科学大会在北京隆重开幕。近六千名科技工作者济济一堂，交流经验、检阅成绩、讨论规划。

19 恢复高考

1977 年 10 月，国务院正式恢复中断了 10 年的全国高等院校招生考试，以择优录取的方式选拔人才上大学。这年冬天，全国共有 570 万人怀抱梦想走进高考考场。高考制度的恢复，使中国高等教育重新步入健康发展轨道，在社会上和青年中掀起了学习科学文化知识的热潮，为后来改革开放和国家建设培养了大批人才。

恢复高考，许多年轻人进入大学。图为 1978 年 3 月，清华大学 1977 级的 800 多名新生在上课。

20 感受世界新变化

1978年5月2日至6月6日的一个多月里，以国务院副总理谷牧为团长的中国政府代表团对法国、瑞士、比利时、丹麦、联邦德国五国进行了经济考察。这是新中国成立后第一个访问西方国家的政府代表团。代表团的任务是学习先进经验。

1978年5月4日，谷牧副总理及其随行人员参观巴黎最大的地下铁道枢纽——夏特莱－莱阿尔车站。

21 | 讨论真理标准

随着各个领域拨乱反正逐步进行，解放思想成为社会的强烈呼声。1978年5月，《光明日报》发表文章《实践是检验真理的唯一标准》。由此，一场关于判断真理标准问题的大讨论在全国展开。这场讨论，为冲破思想束缚，重新确立马克思主义的思想路线、政治路线和组织路线奠定了理论基础，成为改革开放历史性伟大转折的思想先导。

1978年5月，南京大学哲学系和经济系联合举办关于检验真理标准问题的座谈会。

中国

1949-2014

叁 | 1978~1992

China

1978 年 12 月，中共十一届三中全会确立了解放思想、实事求是的思想路线，带领中国人民走上了改革开放的全新道路。

改革开放是一项开创性的伟大事业，中国人民在实践中摸索前进。农村家庭联产承包责任制的普遍推广和乡镇企业的“异军突起”，从根本上改变了农村经济；城市也展开了改革，消费品品种开始多样化，人们的物质文化生活水平和生活质量得到全面提升。国际形势继续变化，和平与发展成为世界主流，中国可以利用海外资金、技术和市场来加快自己的发展。改革开放深入发展，社会主义发展道路的成功转型，再一次向全世界证明社会主义可以与时俱进，有着巨大的优越性。

“小康社会”目标和“三步走”发展战略激励着中国人民投身改革开放的洪流中，奋勇拼搏，不落人后。改革开放的成果惠及亿万人民，不断为社会建设注入强劲的生机和活力。教育、科技、文化、新闻、出版、卫生、体育和其他社会事业协力推进，极大地推动了社会主义现代化事业的进程。

为了解决好香港、澳门和台湾问题，邓小平提出了“一国两制”的构想，这是世界政治制度史上的首创。在国际关系上，中国外交进行战略调整，开始实施全方位外交。

01 伟大的历史转折

1978年12月18日至22日，中国共产党第十一届中央委员会第三次全体会议在北京举行。会议确定了解放思想、实事求是、团结一致向前看的指导方针，作出把党和国家工作重点转移到经济建设上来，实行改革开放的历史性决策。中共十一届三中全会，在关系到党和国家前途命运的历史关头，作出了正确的政治决断和战略抉择，实现了建国以来中国共产党历史上的伟大转折。从此，中国进入改革开放的新时期。

1978年12月22日，邓小平和陈云在中共十一届三中全会上。

02 中国要发展起来

邓小平是中国改革开放的总设计师。1974 年他去美国，对中国和美国之间发展的巨大差距感到震惊。1978 年 10 月他访问日本，1979 年 1 月他正式访问美国，都加剧了他对中国发展的急迫感。他说：“我们中国再不发展起来，我们就会被开除球籍。”

1978 年 10 月 24 日，邓小平参观日本日产汽车公司。

03 | 农村改革先行

“解放思想”的春风吹到农村，广大农民率先开始以恢复生产责任制为核心的农村改革。中共十一届三中全会后，生产队和农民的自主权得到保障，各地农村纷纷恢复和创新了多种形式的农业生产责任制，包产到户这种生产责任制形式迅速发展起来，安徽省凤阳县小岗村生产队创办的“家庭联产承包责任制”成为典型。农业经营机制的转换，使广大农民长期被压抑的积极性得以充分发挥，农业经济改革在改革开放初期就取得举世瞩目的成就，为国家财政经济状况的根本好转做出巨大贡献。

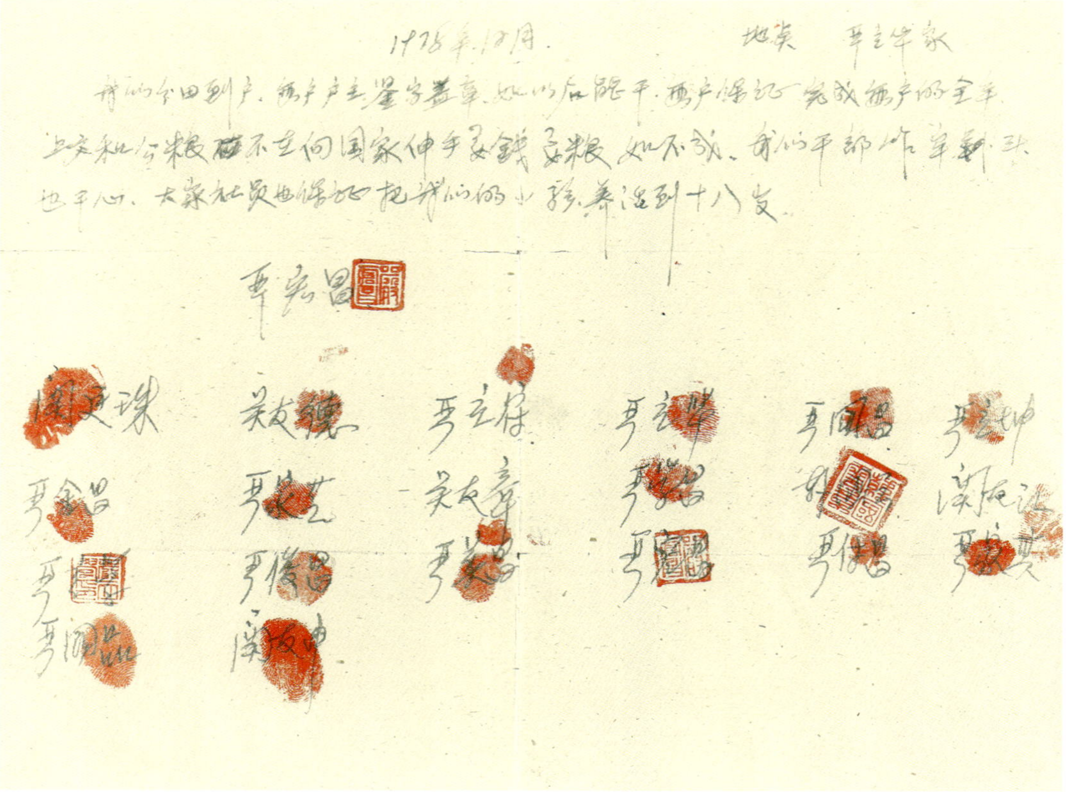

1978年12月　地点　严立华家

我们分田到户，每户户主签字盖章，如以后能干，每户保证完成每户的全年上交和公粮，不在向国家伸手要钱要粮。如不成，我们干部作牢剎头也甘心，大家社员也保证把我们的小孩养活到十八岁。

图为小岗村生产队 18 位社员在一份包干协议书上按下的红手印。

1979年，河南开封市的一个村庄，按照生产责任制的约定，秋收结算时给农民兑现了超产奖。图为一对农民夫妇满怀喜悦地收取花生。

04 | **发展乡镇企业**

随着农村经济的发展，乡镇企业异军突起，迅猛发展。到 1988 年，乡镇企业总数已发展到 1888.2 万个，总产值达到 4764.3 亿元，乡镇企业的职工达到 9545.5 万人。乡镇企业的发展推动了国民经济的增长和农村产业结构的调整，优化了农村资源配置，促进了农村剩余劳动力的转移。

1984年，江苏省无锡县前洲乡西塘村乡镇企业无线电厂的务工农民在装配电视机。

05 推进城市改革

在农村改革迅速发展的同时，城市改革也开始起步。改革首先是扩大企业自主权，城市企业开始探索实行经济责任制。同时，实施财政体制改革，扩大地方财权；发展多种经济形式。全面推行经济责任制取得良好效果，为进一步建立现代企业制度打下基础。为了解决城镇就业问题和活跃经济，政府采取鼓励和扶持个体经济发展的政策，称为“光彩事业”。个体和私营经济的发展扩大了就业，满足了社会的需要，繁荣了市场，对经济改革和发展都发挥了重要作用。

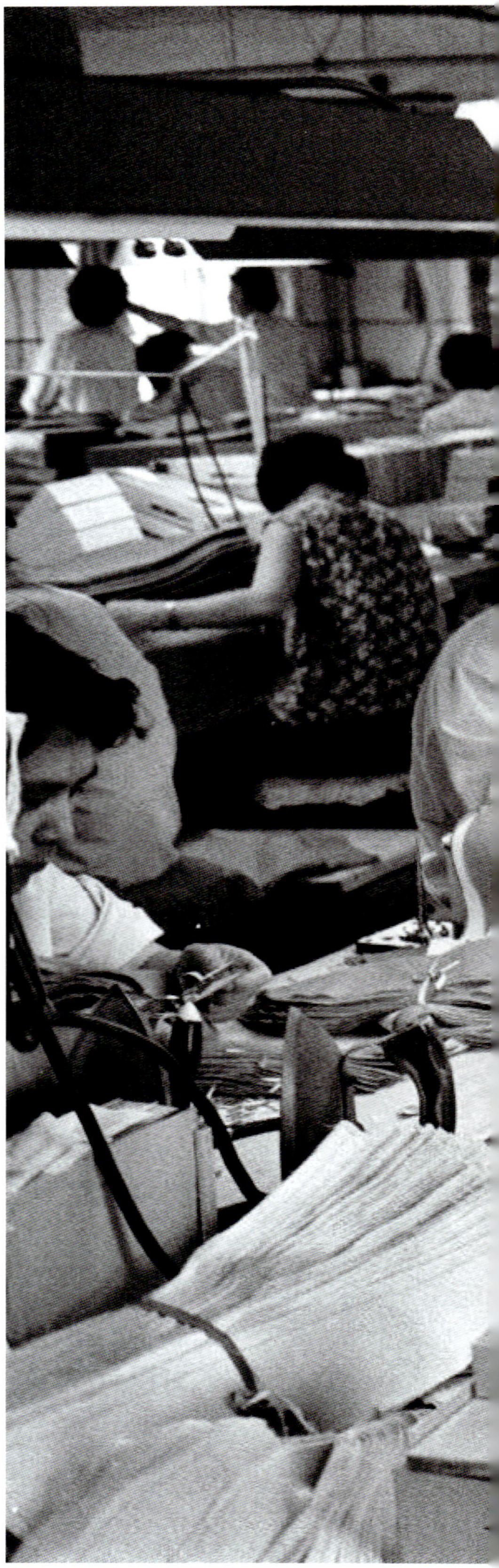

随着国家经济政策的调整，个体工商业得到恢复和发展。图为位于北京前门大街的“大碗茶”商店顾客盈门。

1980 年 6 月，天津市服装二厂利用扩大企业自主权的部分利润留成，进口了 200 台新式缝纫机，用于扩大再生产，效果显著。图为工人们正用进口的高速平缝机生产衬衫。

06 | 实行对外开放

中共十一届三中全会以后，中国把对外开放确定为一项基本国策。在搞活国内经济的同时，加快对外开放，采取一系列方针政策，鼓励和扶持多种方式出口创汇；有计划地引进先进技术，实施多种形式利用外资，扩大资金引进规模。把发展经济的视野从国内扩展到国外，积极利用国内和国外两种资源，开拓国内和国际两个市场，既搞好国内建设，又发展对外经济关系，提高开放的广度和深度。

1980 年，日本力王株式会社、中国国际信托投资公司、江苏省南通市轻工业局合资组建了南通力王有限公司。图为该公司的一个生产车间。

07 | 创办经济特区

1979 年 7 月，国务院决定在深圳、珠海、汕头和厦门试办出口特区，1980 年改为经济特区，兴办经济特区工作全面展开。以创办经济特区为标志，中国的对外开放迈出重要步伐。经济特区在外向型经济发展中发挥了排头兵作用，为全国的深化改革、扩大开放发挥了试验和示范作用。

1979 年 7 月，中国大陆第一个出口加工工业区在蛇口破土开建。开工建设的开山第一炮被称为“中国改革开放的第一炮”。

08 | 进一步开放 14 个沿海城市

1984 年，国务院决定开放天津、上海、大连、秦皇岛、烟台、青岛、连云港、南通、宁波、温州、福州、广州、湛江、北海等 14 个港口城市，扩大这些城市的自主权，对来投资的外商给予优惠待遇，在开发区建设、改善投资环境、引进和利用外资、扩大出口创汇等方面予以支持。这 14 个城市成为中国对外开放的前沿地带，扩大了开放的领域，形成了开放拉动经济增长的良好格局。

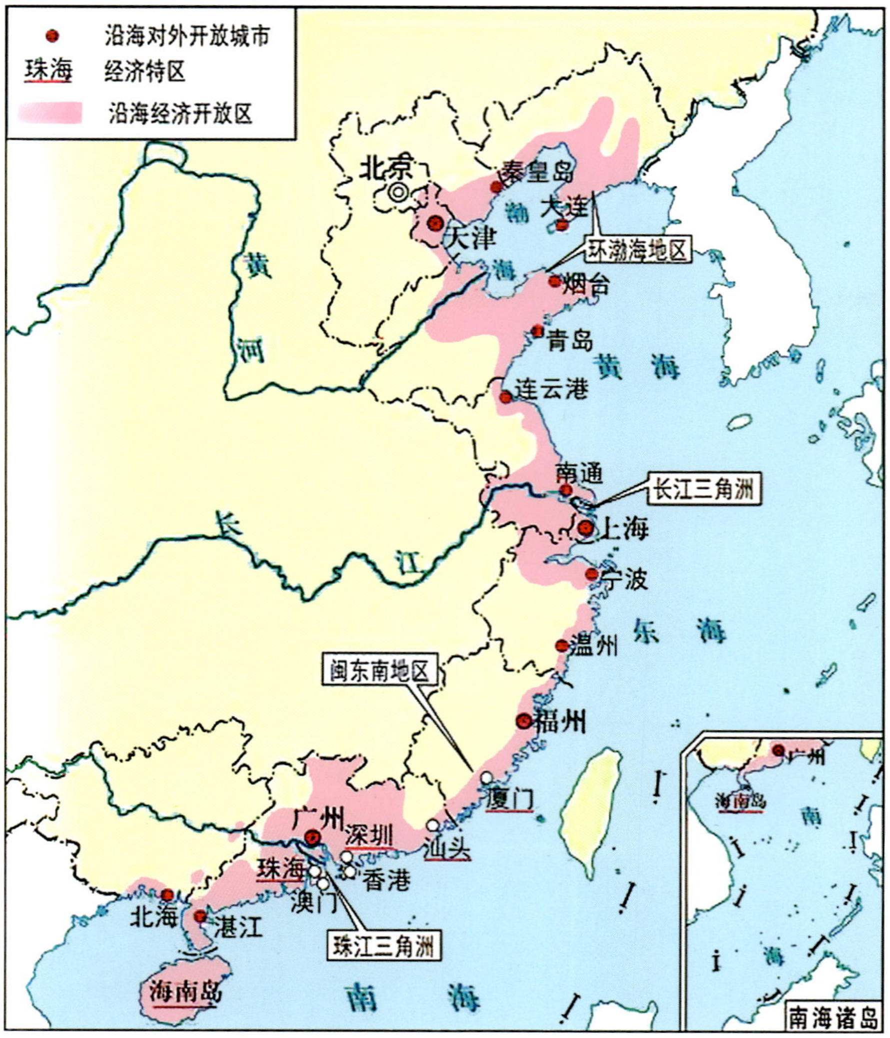

14 个沿海开放城市示意图。

09 强调科学技术是第一生产力

1978 年 3 月，全国科学大会在北京召开。邓小平在大会上重申科学技术是生产力。大会强调要尊重知识、尊重人才，并指出四个现代化的关键是科学技术的现代化，科技要为经济建设服务。1988 年，邓小平进一步指出科学技术是第一生产力。中国科技事业迎来了全面发展的大好时期，为制定科教兴国战略、人才强国战略奠定了基础。

1978 年，多家单位的科技人员共同研制成功大型数控激光切割机。切割机具有使用方便、切缝光洁、抗干扰性强等优点。

中国水稻专家、湖南省农业科学院杂交水稻研究中心主任袁隆平（右二），对杂交水稻研究做出杰出贡献，1987 年获得联合国教科文组织颁发的科学奖。图为 1988 年 7 月，袁隆平和科技同行在稻田研究杂交水稻。

颁布第一部《中华人民共和国专利法》

1980 年，国务院成立专利局。1984 年，第一部《中华人民共和国专利法》颁布。制定《专利法》是中国专利制度发展史上的一个重要里程碑。中国专利制度的发展有利于发明创造的推广应用和培养全社会的知识产权保护意识。

在《专利法》实施的当天上午 8 时，北京的中国专利局受理处门前，已有数百人等候申请专利。

11 发展成人教育和职业教育

20 世纪 80 年代，随着改革开放事业对人才的大量需求，国务院和教育部采取积极措施，发展成人教育和职业教育。政府支持和鼓励开办多种形式的职业学校，如函授大学、电视大学、夜校等，加速培养职业人才。大批青年通过职业学校的学习，成为国家建设的骨干力量。

1980 年，上海中华职业补习学校复办，900 多名职工和待业青年分别进入会计、文书、珠算、速记、英语、日语六科学习。图为珠算班学员在上课。

二、记数、分节、定位
三、数码字的书写
四、珠算的常用语
布数

12 提出小康目标

改革开放以后，邓小平根据中国的实际情况，将原来确定的20世纪末实现“现代化”调整为“小康社会”。1982年，中共十二大确定了全国经济建设的战略目标，即国内工农业生产总值在20世纪末“翻两番”，让城乡人民的物质文化生活水平达到小康水平，开创社会主义建设新局面。

内蒙古呼和浩特市金河镇茂盛营村是奶牛专业村。这个村养殖奶牛600多头，年产鲜奶1500多吨，村民们已经过上小康生活。图为大年三十，村民青山和妻子从自家12头奶牛中评选出奶牛状元，并给它挂红花。

1986年11月，浙江温州商品经济发展初成规模。图为温州市的一个乡村新貌。

13 | 实施 1982 年《中华人民共和国宪法》

1982 年 12 月 4 日，为顺应改革开放的形势要求，第五届全国人民代表大会第五次会议颁布了中华人民共和国第四部宪法。该宪法继承和发展了 1954 年宪法的基本原则，是一部有中国特色、适应中国社会主义现代化建设需要的根本大法。

1982 年 12 月 5 日，群众在王府井邮亭前购买刊登《中华人民共和国宪法》的报纸。

14 实行村民自治

村民自治发端于20世纪80年代初期，中国农民开始尝试直接行使民主权利，依法管理自己的事务，实行民主选举、民主决策、民主管理、民主监督。这是中国农村基层民主政治建设的一项重大成果。村民自治的深入发展对维护社会稳定、促进农村经济发展和全面进步具有十分深远的意义。

1996年，河北省兴隆县十四顷村村民正在观看每季一次的“六公开”专栏。该村将村民们最关注的全村财务收支、定购提留、宅基地发放、电价电费收缴等六项情况按季度及时公布，提高村务管理透明度。村民说：“村务公开是杆秤。”

15 | 社会主义初级阶段理论

改革开放在理论和实践上都丰富了中国共产党对社会主义的认识。1987年，中共十三大在总结改革开放9年探索的基础上，系统地论述了社会主义初级阶段理论和党在社会主义初级阶段的基本路线，即“一个中心、两个基本点”。社会主义初级阶段理论，是建设中国特色社会主义的有力思想武器，回答了社会主义所有制结构问题、按劳分配问题、计划与市场关系问题，为改革开放的深入提供了理论依据。

随着“计划经济”向“市场经济”转轨，中国经济被注入新的活力。1984年，烟台市牟平县养殖专业户根据市场需求集资兴建万亩现代化对虾养殖场，产品供应国内外市场，促进了当地经济的发展。

1986年，上海港企业改革后，增强了企业活力，货物的装卸效率大大提高。

1988年，海南建省办特区，海南省电子总公司与北美中国贸易有限公司合资创办黄海美机电公司，根据国外需求生产黑白电视机，其产品适销对路，大量销往美国。

16 | 迎来文艺的春天

1979 年 10 月 30 日，中国文学艺术工作者第四次代表大会在北京召开。这是全国文艺工作者在改革开放新时期的第一次盛会，是一次团结的大会，解放思想的大会。大会要求广大文艺工作者从文艺教条主义的桎梏中解放出来，继续贯彻百花齐放、百家争鸣的方针，勇于创作，敢于创新，繁荣社会主义文艺事业，丰富人民群众的文化生活。大会还要求发展同各国作家艺术家的友好往来，增进同世界人民的了解和友谊。广大文艺工作者迎来了新时期文艺的春天。

中国文学艺术工作者第四次代表大会在北京人民大会堂隆重开幕。
文艺的春天来了。

在中国文学艺术工作者第四次代表大会上，上海、北京以及长春电影制片厂的刘琼、于洋、郭振清、陈强、吴永刚在畅谈文艺创作后合影。

17 文艺创作成就斐然

改革开放的伟大实践为文艺工作者提供了不竭的灵感源泉和丰富多样的素材，他们在创作思想、文艺题材、表演手法等方面，十分活跃，成就斐然，创作出一大批关注时代、以人为本的优秀作品。

《庐山恋》摄制于 1980 年，在中国电影史上占有浓墨重彩的一笔。1981 年获第一届中国电影金鸡奖最佳女主角奖；第四届电影百花奖最佳故事片奖、最佳女演员奖。该片影响了中国几代人。图为影片剧照。

1983年3月，电影《城南旧事》获第三届中国电影金鸡奖最佳导演奖、最佳女配角奖和最佳音乐奖。该片还获得多项国际大奖。

话剧《茶馆》以北京的一个茶馆为中心，通过一系列小故事，描写了从19世纪末至20世纪中期50年间旧中国的变迁。20世纪80年代初期，《茶馆》曾赴联邦德国、法国、瑞士、日本等国演出，反响热烈，被誉为“东方舞台上的奇迹”。

18 第一枚奥运金牌

1978 年以后，中国的体育运动繁荣昌盛，积极参与国际赛事，喜报频传，成绩骄人。1981 年，中国女排在第三届世界杯女子排球赛上首次夺冠。1984 年 7 月 29 日，中国选手许海峰在第 23 届洛杉矶奥运会上夺得了中国奥运历史上的第一枚金牌，奥运会上第一次奏响中华人民共和国国歌，升起中华人民共和国国旗。

1984 年 7 月 29 日，中国射击选手许海峰夺得第 23 届奥运会的第一块金牌，从而结束了中国人在奥运会上从未得金牌的历史。

1981 年 11 月，第三届世界杯女子排球赛在日本举行，中国女排七战全胜，首夺世界冠军。“中国女排精神”激发了中国人民的自信心。

19 | 举办第 11 届亚洲运动会

1990 年 9 月 22 日至 10 月 7 日，第 11 届亚运会在北京成功举行，来自亚奥理事会成员的 37 个国家和地区的体育代表团 6578 人参加。这是中国第一次承办综合性的国际体育大赛，体现了中国日益增强的综合国力。

1990 年 10 月 7 日，第 11 届亚洲运动会闭幕式在北京工人体育场举行。中国体育代表团共获得奖牌 341 枚，其中金牌 183 枚，占金牌总数的 59%。

20 提出"一国两制"主张

1984 年 5 月，六届全国人大二次会议通过了用"一个国家、两种制度"作为解决香港、澳门，台湾问题的方针，"一国两制"设想具有了法律效力。国际社会普遍认为"一国两制"构想富有创造性，为解决历史遗留下的领土主权问题提供了新的思路和方法。20 世纪 80 年代，随着国际大环境的变化，海峡两岸关系也逐步得到改善。从台湾到大陆定居、探亲访友、采访观光及经商投资的人员不断增加，两岸民间交流、商业往来、文化交往日益频繁密切。

1982 年 9 月 24 日，邓小平会见来访的英国首相撒切尔夫人，阐明了中国政府对香港问题的立场。

1987 年 10 月 17 日上午，台湾要求寻亲通信的民众，仅一个多小时就把位于台北新生南路的红十字会准备的寻亲表格索取一空。

21 成立上海、深圳证券交易所

1990年12月，上海证券交易所正式开业。1991年7月，深圳证券交易所开业。两个证券交易所相继开市，初步形成证券市场，为证券交易的发展奠定了基础。两大证券交易所经过20多年的发展，市场规模不断扩大，交易产品逐渐多元化，交易系统达到世界先进水平，面向国际发展初见成效。

1990年12月19日，位于上海黄浦路15号浦江饭店内的上海证券交易所正式开业。图为开业当天，大厅外挤满了顾客。

1991年7月，深圳证券交易所开业，股票市场活跃。交易所一楼大厅里每天都挤满了等候购买股票的顾客。

22 邓小平南方谈话

1992年1月18日至2月21日，邓小平先后赴武昌、深圳、珠海和上海视察，沿途发表了重要讲话。他指出，“计划多一点还是市场多一点，不是社会主义与资本主义的本质区别”，“社会主义的本质是解放生产力”，“抓住时机，发展自己，关键是发展经济”。邓小平南方谈话，明确回答了长期束缚人们思想的许多认识问题，进一步解放了人们的思想，对加快改革开放和经济建设产生了重大影响。

1992年2月10日，邓小平参观上海贝岭微电子制造有限公司。邓小平问：“这台进口设备姓‘社’还是姓‘资’？”

中国

1949-2014

肆 | 1992~2002

China

1992 年，中共十四大确立了建立社会主义市场经济体制的改革目标。国家宏观调控体系初步建立，以公有制为主体，多种所有制经济共同发展的格局进一步展开。这一时期，家电、住房、信息、旅游、教育等五大居民消费十分活跃。1996 年，中国经济成功实现“软着陆”。中国成功抵御了亚洲金融危机的冲击，为世界经济的稳定做出了贡献。

为促进地区之间经济的协调发展和全国统一市场的形成，缩小历史形成的地区之间的发展差距，2000 年 10 月，西部大开发战略开始启动，为西部地区带来新的发展机遇。1995 年，中国国内生产总值达到 60793.7 亿元，提前五年实现 20 世纪末翻两番的目标。2001 年 12 月 11 日，中国正式加入世界贸易组织，标志着中国利用国际市场和国际资源进入了一个新的阶段。

“科教兴国”战略有力地推动科研和教育的发展，实现了“基本普及九年义务教育、基本扫除青壮年文盲”的目标。公益文化事业的投入持续增加，文化馆、博物馆、图书馆面向社会开放，极大地促进了中国人的全面发展。经济的发展为人民幸福安康、社会和谐稳定提供了物质基础，各项社会事业取得显著进展。在社会保障方面，实行了切实有效的“扶贫”计划，贫困人口数量逐渐减少。

香港和澳门分别于 1997 年 7 月 1 日和 1999 年 12 月 20 日顺利回归。海峡两岸民间交往密切，经贸合作持续发展。2001 年，“上海合作组织”成立。

01 建立社会主义市场经济体制

1992 年 10 月，中共十四大明确提出中国经济体制改革的目标是建立社会主义市场经济体制。1993 年 11 月，中共十四届三中全会通过《中共中央关于建立社会主义市场经济体制若干问题的决定》，社会主义市场经济体制是同社会主义基本制度结合在一起的，就是要使市场在社会主义国家宏观调控下对资源配置起基础性作用。建立社会主义市场经济体制，是社会主义理论认识的飞跃，对经济体制改革有重大指导意义。随着国家经济的发展，商品供应有了根本性好转，百姓购买力增强。1993 年，粮票退出历史舞台，中国百姓告别票证时代。20 世纪 90 年代后半期，中国开始进入买方市场阶段。

社会主义市场经济极大地促进了生产力的发展和社会财富的增加，城乡居民的实际收入、消费水平和生活质量有了明显提高。1996 年全国肉、蛋、水产品、蔬菜人均占有量达到和超过世界平均水平。图为广东省南海市大沥镇农贸市场一角。

曾经在市场上广为流通，与人民生活息息相关的各种票证，随着粮食购销体制的改革，已经走进了历史。图为全国粮票。

02 | 依法治国

1993 年 3 月，八届全国人大一次会议通过宪法修正案，确定“建立和完善社会主义市场经济体制”在宪法中的地位，开始建立和完善社会主义市场经济法律体系。1999 年 3 月，九届全国人大二次会议通过的宪法修正案，“依法治国”基本方略写进了宪法，中国特色社会主义法律体系逐渐形成。

随着中国特色社会主义法律体系的建立和不断完善，公民的法律意识明显增强，依法行政和公正司法取得新进展。2001 年 8 月 17 日，全国第一所社区青少年法律学校在北京西长安街街道社区青少年服务中心揭牌，全民普法教育不断推进。

03 科教兴国

1995年，中国开始实施科教兴国战略。这一战略的核心是：全面落实科学技术是第一生产力的理念，坚持教育为本，增强国家的科技实力以及将科学技术向现实生产力转化的能力，提高全民族的科技文化水平，把经济建设转移到依靠科教进步和提高劳动者素质的轨道上来，加速实现国家的繁荣富强。实施科教兴国战略，中国在教育和科技等领域都取得丰硕成果。高等教育领域的“211工程”和“985工程”都是中国高等教育的重点建设工程，目的是提高中国高等学校的整体水平和国际竞争力，推动科教兴国和人才强国战略的实施。

作为科学技术向现实生产力转化的典型，秦山核电站是中国自行设计、建造和管理的第一座核电站。它具有高功率、运行平稳、不污染环境和无运输压力等优点，为中国刚起步的核电事业树立了良好形象。这是矗立在东海之滨的秦山核电站外景。

1999 年 4 月 29 日，北京大学和北京航空航天大学联合共建的北京大学工程研究院宣告成立。这是两校文理与工程优势互补，探索跨世纪教育改革、创建世界一流大学的重大举措。

04 | “三个代表”重要思想

2000年2月25日，江泽民在广东省考察工作时，从全面总结党的历史经验和如何适应新形势新任务的要求出发，首次明确提出了“三个代表”要求。“三个代表”重要思想可概括为：“中国共产党总是代表着中国先进生产力的发展要求，代表着中国先进文化的前进方向，代表着中国最广大人民的根本利益。”

2000年2月21日至25日，江泽民在广东考察，围绕加强新时期党的建设和推进高新技术产业发展进行调研。图为江泽民在考察期间与深圳市民在一起。

05 应对亚洲金融危机

1997 年 7 月，亚洲金融危机从泰国开始。中国周边许多国家货币大幅度贬值，给人民币带来巨大压力。中国政府权衡利弊，坚持人民币不贬值。中国政府负责任的积极态度，赢得了国际社会的赞扬，对亚洲乃至世界金融和经济的稳定发展做出了积极贡献。

北京，中国人民银行总部。中国人民银行是中华人民共和国的中央银行，专门行使国家中央银行的职能。

06 实施西部大开发战略

1999 年 9 月，中共十五届四中全会宣布“国家要实施西部大开发战略”。西部大开发的战略重点是加快基础设施建设，加强生态环境保护和建设，加强农业和调整产业结构，发展科技教育和文化卫生事业。西部大开发战略，在经济上特别是在政治上，具有重大的现实意义和深远的历史意义。西部大开发实施以来，国务院通过规划指导、政策扶持、项目安排、资金投入等措施不断加大对西部地区的支持力度，西部地区在经济发展、生态保护、重点工程建设和人才队伍培养等方面都取得了显著的成绩。

2001 年 6 月 29 日，西部大开发的标志性工程——青藏铁路全线开工。这是开工时的一个场面。

西部地区根据自然条件调整产业结构，初步形成了优质棉生产基地。图为新疆莎车县的农民正在采摘棉花。

07 | “三河”“三湖”污染治理

从1996年起，中国政府开始治理流经中国人口稠密聚集地的淮河、海河、辽河，以及太湖、巢湖、滇池，取得了一定成效。“三河”“三湖”的水污染治理事关中国接近半数的省市社会经济的发展以及人民群众的生活质量。治理“三河”“三湖”成为中国的重大长期环保工程。

为保证国家确定的太湖流域污染源必须实现达标排放目标，1998年底，江苏省重点治理770家企业，并关闭100多家难以整治的污染企业。图为一座日处理能力达2000吨的污水处理站。

巩固农业基础地位

农业、农村、农民问题是中国的基础性问题。解决好“三农”问题，对发展国民经济至关重要。为解决农业发展相对滞后的问题，1995 年，国务院制定了一系列政策，包括稳定和完善家庭联产承包责任制、延长土地承包期 30 年不变、改革农产品购销体制等，推动农业发展农民增收。2000 年，国务院发出通知，进行农村税费改革试点，取消乡统筹费和农村教育集资，取消屠宰费，调整农业税和农业特产税等。2003 年 3 月，国务院发出《关于全面推进农村税费改革试点工作的意见》，将上述改革推广到全国。这些措施得到了农民的拥护和支持，促进了农业经济的发展，巩固了农业的基础地位。

延长土地承包制是中国农村经济的一项基本制度。根据第二轮土地承包合同，承包期限为 30 年。图为 1998 年浙江金华市竹马乡农民签订土地延包合同。

农村税费改革是农村土地改革和实行家庭承包经营之后的又一重大改革。图为2000年6月10日，作为改革试点的安徽省和县南义乡农民缴纳余下不多的农业税。

09 建设三峡水利枢纽工程

2006年5月，三峡大坝全线建成，这是三峡水利枢纽工程的核心工程，标志着三峡水利枢纽主体工程完工。三峡水利枢纽工程具有防洪、发电、航运等巨大的综合效益，是世界上规模最大的水电站，也是中国有史以来建设的最大型的工程项目。三峡水电站巨大的发电效益，有力地支持了华中、华东、华南地区的经济建设和发展。

图为江水通过三峡泄洪大坝下泄。

10 | 实施《中华人民共和国劳动法》

1995 年 1 月 1 日，中国第一部专门保障劳动者合法权益的基本法律《中华人民共和国劳动法》开始施行。《劳动法》全面规范劳动关系，旨在建立和维护适应社会主义市场经济的劳动制度，充分体现了宪法精神，保护亿万劳动者的切身利益。《劳动法》是一部促进中国经济发展和社会进步，具有里程碑意义的劳动法律。

1994 年 12 月 16 日，国务院召开认真贯彻《劳动法》全国电视电话会议。图为贯彻《劳动法》全国电视电话会议一个分会场。

11 建立多层次社会保障

1993 年，中国开始建立包括社会保险、社会救济、社会福利等多层次的社会保障体系，实行社会统筹和个人账户相结合，发展商业性保险业。中国的社会保障制度不断改革和完善，成为中国社会文明进步的重要标志之一。

江苏南通青年社区日托助餐服务点为老年人老有所养提供社会服务，受到社会普遍好评。图为老年人在助餐点快乐就餐。

1995 年 8 月，吉林省梅河口市遭受水灾后，得到来自社会各界的援助，这是灾民们正在领取救济粮。

12 第四次世界妇女大会

1995 年 9 月 4 日至 15 日，联合国第四次世界妇女大会在北京召开。来自 197 个国家的政府代表团、联合国系统各组织和专门机构、政府间组织、非政府组织的领导人和代表共 1.76 万人出席会议。会议主题为“以行动谋求平等、发展与和平”。会议通过了《北京宣言》和《行动纲领》。北京联合国第四次世界妇女大会是世界妇女事业的重要里程碑。

1995 年 9 月 4 日，联合国第四次世界妇女大会在北京召开。图为大会现场。

13 昆明世界园艺博览会

1999 年，以“人与自然——迈向 21 世纪”为主题的世界园艺博览会在云南昆明成功举办。这是中国举办的首届专业类世博会，为期 184 天，国内外参观人数达到 950 万人次。昆明世博会为后来中国举办综合类世博会积累了经验和信心，也促进了中国与世界各国的文化交流。

图为昆明世界园艺博览会开幕式现场。

14 香港回归

1997 年 7 月 1 日，中华人民共和国政府恢复对香港行使主权，结束了英国在香港长达 155 年的统治。同日，香港特别行政区成立，香港由香港特别行政区政府管理。

1997 年 6 月 30 日午夜至 7 月 1 日凌晨，中英香港政权交接仪式在香港会展中心举行。

15 澳门回归

1999年12月20日零时，中葡两国政府在澳门文化中心举行政权交接仪式，中华人民共和国政府恢复对澳门行使主权，同时成立澳门特别行政区政府，行使管治澳门的权力。澳门回归祖国是继香港回归祖国之后，中华民族在实现祖国统一大业中的又一盛事。

1999年12月20日零时，中华人民共和国国旗和澳门特别行政区区旗在交接仪式会场庄严升起。

16 推动两岸交流发展

1992 年 11 月，大陆海峡两岸关系协会和台湾海峡交流基金会在香港就两岸事务性商谈中如何表述坚持一个中国原则的问题进行了讨论，达成“海峡两岸均坚持一个中国原则”的重要共识。1995 年 1 月 30 日，江泽民发表《为促进祖国统一大业的完成而继续奋斗》的讲话，提出发展两岸关系、推进祖国和平统一的八项主张。两岸的政治交流、民间交往与经贸合作不断发展。

1993 年 4 月 27 日，海协会会长汪道涵与海基会董事长辜振甫在新加坡举行会谈，这是自 1949 年以来，两岸高层人士首次以民间名义进行公开会晤。

17 重申中国永远不称霸

2000 年 9 月 6 日至 8 日，联合国千年首脑会议在纽约联合国总部举行，150 多位国家元首和政府首脑出席会议并通过了《千年宣言》。在 9 月 6 日的大会上，国家主席江泽民发表讲话，他说："中国的发展，是对世界和平与发展的贡献。中国人民热爱和平，坚决维护世界和平与稳定。无论什么时候，中国都永远不称霸。这是中国人民对世界的庄严承诺。"

图为联合国千年首脑会议会场。

18 | 创办博鳌亚洲论坛

2001 年 2 月下旬，博鳌亚洲论坛在海南省博鳌镇正式宣布成立。论坛由 25 个亚洲国家和澳大利亚发起，是非官方、非营利性、定期、定址的国际组织；为政府、企业及专家学者等提供一个共商经济、社会、环境及其他相关问题的高层对话平台。中国通过论坛，与有关国家增进了政治互信，深化了经贸合作，推动了双边关系的发展。

2001 年 2 月 26 日，江泽民在海南博鳌会见前来出席“博鳌亚洲论坛”筹委会会议暨论坛成立大会的各国代表，并与他们合影留念。

19 成立上海合作组织

2001 年 6 月 15 日，中国、俄罗斯、哈萨克斯坦、吉尔吉斯斯坦、塔吉克斯坦和乌兹别克斯坦六国元首发表《“上海合作组织”成立宣言》。“互信、互利、平等、协商、尊重多样文明、谋求共同发展”构成“上海精神”。上海合作组织的成立，标志着各成员国合作进程开始迈入一个崭新的发展阶段，中国与其他成员国在经济、政治、文化、军事、反恐等领域开展了有效的合作。

2001 年 6 月 14 日，中国国家主席江泽民与俄罗斯总统普京、哈萨克斯坦总统纳扎尔巴耶夫、吉尔吉斯斯坦总统阿卡耶夫、塔吉克斯坦总统拉赫莫诺夫以及乌兹别克斯坦总统卡里莫夫在上海西郊宾馆共同签署《哈、中、吉、俄、塔、乌六国元首联合声明》。签署联合声明后，六国元首举杯相庆。

20 | 加入世界贸易组织

2001 年 12 月 11 日，中国正式加入世界贸易组织，成为第 143 个成员。这是中国改革开放进程中的一件大事，标志着中国的对外开放已经适应经济全球化的发展趋势，进入全新的历史阶段。加入世界贸易组织后，中国积极化挑战为机遇，充分利用国际市场，大力发展开放型经济，取得了举世瞩目的成就。

2001 年 11 月 11 日，中国代表在卡塔尔首都多哈举行的中国加入世贸组织议定书签字仪式上举杯庆贺。

21 改革城镇住房制度

1994 年，国务院下发《关于深化城镇住房制度改革的决定》，明确城镇住房制度改革的基本内容，并指出改革的近期任务是全面推行住房公积金制度，大力发展房地产交易市场和社会化的房屋管理维修市场，加快经济适用房建设，到 20 世纪末，使城镇居民生活达到小康水平。中国城镇住房市场化改革全面推进，至 1997 年，逐步建立起房地产市场体系。

广东省汕头市为解决住房困难户的住房问题，采取在市区推行国家补贴出售住宅的措施，积极推进住房制度改革。图为 20 世纪 90 年代，该市所建的住宅楼群。

22 鼓励非公有制经济发展

改革开放以来，个体经济、私营经济、外资经济等非公有制经济得到迅速发展。1999 年 3 月，九届全国人大二次会议通过了《中华人民共和国宪法（修正案）》，明确非公有制经济是中国社会主义市场经济的重要组成部分。非公有制经济在国民经济中发挥着日益重要的作用。

2000 年 7 月 29 日，天津市最大的民营科技园天津火炬创业园鑫茂民营科技园工程举行了奠基和入园企业签约仪式。该园建成后将带动天津民营企业的科技发展，为该市民营企业走向世界提供服务。

23 初步实现小康目标

1982年，中国提出20世纪末经济发展目标：2000年全国经济总量比1980年“翻两番”，人均收入800美元，基本达到小康水平。经过十几年的努力，国民经济不断发展，人民物质生活和精神生活水平不断提高，人口素质不断提升，社会文明程度和环境日益改善，中国人的生活逐步向小康水平靠近。2000年，中国国内生产总值已经由1980年的4545.6亿元人民币增加到99214.6亿元人民币，人均收入超过800美元，人民生活总体上已经达到小康水平。

山东省长岛县是中国海产品重要产地之一，该县于1991年在全国率先成为小康县。图为1993年5月该县的南长山镇。

中国

1949-2014

伍

2002
~
2012

China

2002 年，中共十六大制定了“全面建设小康社会”的目标。

在科学发展观的指导下，经济发展方式开始转变，开放型经济水平全面提升，国有经济的主导作用显著增强，非公有制经济健康发展，生态文明建设融入经济建设。2002 至 2012 年，工农关系、城乡关系得到很大改善。中共中央从 2004 年开始连续 9 年发出解决“三农”问题的“一号文件”，实行“工业反哺农业”政策，取消农业税，实现城乡统筹发展，加快了城镇化步伐。城乡居民生活持续提高和改善，人民群众得到更多改革和发展的实惠。中国经济发展为抵御 2008 年世界金融危机做出巨大贡献。

文化建设提高到国家战略高度，全面促进文化事业和文化产业的大发展、大繁荣，城乡居民文化生活日趋丰富。公共文化基础设施向农村基层大面积覆盖。数以十万计的书屋、文化站点、广播电视村村通工程顺利推进，改变了农村文化环境。社会建设以保障和改善民生为重点，加大民生投入，全面推进社会事业发展。农村免费义务教育全面实现，建立覆盖城乡居民的社会保障体系，积极实施基本公共卫生服务均等化，都是保障和改善民生的重大成果。这十年，政府启动实施 10 大类 41 项国家基本公共卫生服务项目，医疗制度改革确立了把基本医疗卫生制度作为公共产品向全民提供的基本理念。

香港、澳门特区与内地经贸关系更加紧密，海峡两岸政党交流开启了新模式。中国成功举办奥运会和世界博览会。中国的全方位外交取得新成就，为全面建设小康社会营造了良好国际环境。

01 | 提出全面建设小康社会

2002 年 11 月，中共十六大立足于人民生活总体达到小康水平这个基础，提出 21 世纪头二十年全面建设小康社会的目标：经济更加发展，民主更加健全，科教更加进步，文化更加繁荣，社会更加和谐，人民生活更加殷实，达到社会全面进步和人的全面发展，实现惠及十几亿人口的更高水平的小康社会。

北京第一条环城高速公路——五环路上的远通桥，它象征着中国社会快速发展。

02 科学发展观

2003年，中共中央总书记胡锦涛提出科学发展观。科学发展观的第一要义是发展，核心是以人为本，基本要求是全面协调可持续，根本方法是统筹兼顾。科学发展观为中国如何建设社会主义和可持续发展奠定了理论基础，是中国特色社会主义理论体系最新成果。

科学发展，要求人与自然和谐发展。陕西省安塞县因地制宜种植果树，既绿化了环境，保护了水土，又增加了农民收入。图为2008年10月，胡锦涛察看安塞县的果园。

03 | 完善社会主义法律体系

进入 21 世纪，中国的法治建设不断向前推进。2002 年，中共十六大将社会主义法制建设作为全面建设小康社会的目标。2007 年，中共十七大提出全面落实依法治国方略，加快建设社会主义法治国家。2010 年年底，全国人大对宪法作了第四次重要修改；制定宪法相关法、民法、商法；集中力量建设法律、行政法规、地方性法规等多个层次的法律规范，使法律体系更加科学和谐统一。一个有中国特色社会主义的法律体系基本形成。

普及法律知识，提高大众的法治观念，是中国法律工作者经常做的重要工作。2007 年 10 月 1 日，昆明市民向律师咨询《物权法》的相关内容。

04 | 全面取消农业税

进入新世纪，中国开始实行农村税费改革。2004 年，农村税费改革取得重要阶段性效果，不仅减轻了农民的负担，而且促进了粮食增产、农业增效、农民增收。2005 年 12 月 29 日，国家主席胡锦涛签署第 46 号主席令，宣布从 2006 年 1 月 1 日起，全面取消农业税。在中国延续了 2600 多年的农业税彻底退出历史舞台，这是中国农业史上的一个里程碑。全面取消农业税，极大地提高了 7 亿农民的生产积极性，更广泛地解放了农村生产力。

2005 年，河南省取消农业税，农民粮食补贴款也全部到位，农民生产积极性很高。图为大型联合收割机在河南汤阴县麦区作业。

05 | 建设社会主义新农村

全面建设小康社会，最艰巨、最繁重的任务在农村。促进国民经济持续发展，必须妥善处理工农城乡关系，发展好农村经济，建设好农民的家园。2005年12月，中共中央、国务院发布《关于推进社会主义新农村建设的若干意见》，新农村建设由此起步开局。社会主义新农村建设的总体要求是“生产发展、生活宽裕、乡风文明、村容整洁、管理民主”。

泰州市是江苏省率先推行农村低保的试点市之一。2004年6月5日，泰州市高港区刁铺镇农民孙莲娣从镇民政会计手中领到了低保金。至此该镇365户贫困农民全部享受“低保”。

2005 年 5 月，江苏省南京市乡镇卫生所的医生正在为农民看病。

春季开学第一天，安徽省固镇一小学四年级的学生领到新课本，喜气洋洋。

2013 年 9 月，青海省玉树藏族自治州灾后重建工作全面完成，玉树旧貌换新颜。图为玉树新城。

四川省华蓥市阳和镇依托葡萄产业兴建的祝家坝别墅式农民新村。

06 | 深化国有企业改革

2002年，国有资产管理体制开始深化改革。国企改革的主要内容转向以“产权改革”为核心的股份制。各地国有企业纷纷由单一主体变为多元主体的股份制企业，改革效益初步显现，相当一部分中央企业控股的上市公司已经成为资本市场的中坚力量。

河南省洛阳市老牌国有企业——中信重工公司通过产权改革，焕发出新的生产活力，其自主研发设计、国内最先进的大型矿用球磨机已完成装配进入试车阶段。

07 促进小微企业健康发展

2012年4月，国务院印发《关于进一步支持小型微型企业健康发展的意见》，从财税、融资、创新发展、开拓市场、公共服务等领域，加大对小型微型企业的扶持力度，创造有利于小型微型企业发展的良好环境。

2012年4月，江西省南康市一家床垫厂在赣州银行的扶植下走出困境，使企业走上可持续发展之路。图为员工们在加工床垫。

2012 年 5 月，重庆市第一家综合性微型企业创业服务中心——南川区微型企业创业服务中心开始运行。运行仅 3 个多月，就吸引了 31 家当地微型企业入驻，培训了 12 期 471 名微企创业学员，帮助 351 人申请设立了微型企业并领取了营业执照。图为其成功孵化的一家创意类微企。

08 应对国际金融危机

2008 年，美国金融危机引发全球金融危机，国际电子产品市场急剧萎缩，严重影响中国电子产品外销。为扭转不利局势，国务院适时采取新的财政政策，实施“家电下乡”战略，扩大国内市场。国家财政为城镇居民购买彩色电视、冰箱、移动电话、洗衣机按产品价格 13% 给予补贴，后来补贴范围扩大到近 10 类产品。2008 年，财政补贴家电下乡 104 亿元，累计拉动消费 9200 亿元。家电销售额 2010 年近 3000 亿元，2011 年 4200 亿元，家电下乡取得可喜成果。全国范围内推广家电下乡，有利于拉动农村消费，促进行业发展，改善农村民生，缩小城乡差距；有利于为新农村建设提供智力支持，发展农村生产力，让农民早日富起来。

2011 年 11 月，河南省温县一家商场所展示的家电下乡补贴产品。

09 加快转变经济发展方式

2007年，中国加快转变经济发展方式，走中国特色新型工业化道路，即：促进经济增长由主要依靠投资、出口拉动向依靠消费、投资、出口协调拉动转变，由主要依靠第二产业带动向依靠第一、第二、第三产业协同带动转变，由主要依靠增加物质资源消耗向主要依靠科技进步、劳动者素质提高、管理创新转变。

天津市塘沽区紫云公园占地面积达33万平方米，是利用工业废料建设的环保型公园，是中国循环经济的一个典范。

10 推进西部大开发

“西部大开发”战略实施以来，西部经济社会发展取得明显进步。继续推进西部大开发，特别是互利共赢开放战略的实施，有利于西部地区更好地利用两个市场、两种资源，拓展与周边国家和地区经贸合作。2012 年 2 月，国务院正式批复同意《西部大开发“十二五”规划》，充分发挥西部地区的特色和优势，努力保持西部地区经济社会长期持续平稳较快发展。

新疆风能资源丰富，开发前景广阔，是电力行业转变经济发展方式的重要方面。图为新疆达坂城“百里风区”的发动机组迎风而立。

青藏铁路运行正常，每天多次列车进出西藏。图为开往拉萨的列车行驶在青藏铁路上。

西部大开发十年来，云南围绕“大通道”目标全面推进交通建设，“内陆边陲”变成“开放前沿”。图为位于中缅边境、云南保龙高速公路上的怒江特大公路桥。

2009 年 9 月 25 日，甘肃天水，宝（鸡）天（水）（甘肃段）高速公路正式通车。这条高速公路是甘、陕、青、新等西部省区与东部地区开展经济合作的重要纽带，对加快西部建设发挥着重要作用。

11 振兴东北老工业基地

2003 年，东北老工业基地振兴战略开始实施，目标是把东北地区发展成重点经济增长区，推动区域经济协调发展。振兴战略实施以来，东北地区经济发展方式积极转变，长期禁锢老工业基地发展的一些深层次问题开始破冰，经济发展活力明显增强，经济质量和效益不断提高，社会发展加快，城乡面貌焕然一新。

华安工业集团是中国兵器行业大型骨干企业。由于市场转型，它成为行业第一亏损大户。随着东北老工业基地改造开始起步，该集团转变经营思路，加快体制机制创新，积极发展与军工产品关联度高的民品，企业起死回生。

12 | 促进中部地区崛起

中部地区包括山西、安徽、江西、河南、湖北、湖南6省，在中国经济社会发展中具有重要地位。促进中部地区崛起，是新时期中国总体发展战略布局的重要组成部分。2006年4月，中共中央、国务院发布关于促进中部地区崛起的若干意见，推动中部地区经济社会发展。中部六省竞相开发和发展，综合经济水平提高，企业创立增多，产业转移见效，社会投资增加，科技创新显著，人力资源增长，经济实现较快增长，总体实力大幅提升。

安徽省合肥市1949年前曾是一个小县城，如今已成为中部地区的一个繁华都市，先后荣获国家授予的首批“园林城”、“科教城”等称号。

13 | 国家中长期科学和技术发展规划纲要（2006—2020 年）

2006 年 2 月，国务院发布《国家中长期科学和技术发展规划纲要（2006—2020 年）》。《纲要》以增强自主创新能力为主线，以建设创新型国家为奋斗目标，对中国 2006—2020 年期间的科学和技术发展作出了全面规划和部署，争取到 2020 年，自主创新能力明显增强，科技促进经济社会发展和保障国家安全能力显著增强，为全面建设小康社会提供强有力的支撑。

2012 年 4 月 30 日，中国成功发射两颗北斗导航卫星，对改善和提高北斗卫星导航系统所覆盖区域的导航定位精度，具有重要意义。

2013 年 12 月 2 日，嫦娥三号由长征三号乙运载火箭从西昌卫星发射中心发射。
它携带中国的第一辆月球车，并于 12 月 14 日实现月面软着陆。

三北防护林工程始于1978年，是中国规模最大的绿化造林工程，通过统筹规划，科学治理，取得巨大成就。图为宁夏回族自治区人进沙退的壮丽景观。

覆盖城乡公共文化服务体系

公共文化服务体系建设，是坚持执政为民、实现人民群众文化权益的重要途径。2006 年开始，中国加快建立覆盖全社会的公共文化服务体系。政府主导，以公共财政为支撑，发展基层公共文化服务体系，在统筹公共文化服务设施网络建设、促进基本公共文化服务标准化、均等化、深化公益性文化事业单位改革、推动公共文化服务社会化发展等方面，取得显著成效，覆盖城乡的公共文化服务体系框架基本建立，群众得以广泛享有免费或优惠的基本公共文化服务。

中国国家博物馆是以历史与艺术并重，集收藏、展览、研究、考古、公共教育、文化交流等于一体的综合性博物馆。2013 年，接待观众 745 万人次，居世界第三位。

中国国家博物馆
NATIONAL MUSEUM OF CHINA

浙江省为加快建设公共文化服务体系，于2008年推出“千镇万村种文化”活动，培养了一批源于民间、扎根农村、各具特色、各有专长的农村文体队伍和文化能人，使农村文化得到繁荣和发展。图为湖州市安吉县梅溪镇村民在“种文化”展演活动中表演当地传统的《安吉梅溪旱船》节目。

甘肃省永登县不断加强农村文化建设，基础设施不断完善、活动不断丰富，农村公共文化服务体系初步形成。图为该县苦水镇的一处农家书屋。

举办第29届奥运会

2008年8月8日至24日，第29届奥林匹克运动会在北京成功举行。80多位外国政要出席开幕式，来自204个国家和地区的一万多名运动员参加比赛，成为有史以来参赛国家和地区最多的一届奥运会，也是奥运会历史上转播规模最大的一次奥运会。奥运会上，中国体育代表团获得51枚金牌、21枚银牌、28枚铜牌的优异成绩。9月6日至19日，北京成功举办第13届残疾人奥运会。中国代表团获得89枚金牌、70枚银牌、52枚铜牌，登上残奥会的榜首。国际奥委会主席罗格先生由衷地评价："这是一届真正的无与伦比的奥运会！"

2008年8月8日晚8时，第29届夏季奥林匹克运动会在国家体育场——"鸟巢"隆重开幕。

2008 年 8 月 24 日，中国艺术体操队精彩表演。

国家游泳中心“水立方”，在北京奥林匹克中心区的多彩音乐喷泉中，显得分外妖娆。游泳中心里的水上乐园，是中国最大、最先进的室内主题水上乐园。

16 举办第 41 届世界博览会

2010 年 5 月至 10 月，上海举办第 41 届世界博览会，来自世界各地的 240 多个国家和国际组织参展，参观人次 7308 万。上海世博会是中国第一次举办的世界博览会，主题为“城市，让生活更美好”。上海世博会向世界展示了一个开放、发展、自信的中国。

2010 年 10 月 31 日晚，上海世博会闭幕式在上海世博园文化演艺中心举行。外国参展代表在闭幕式上观看精彩演出。

2010 年 4 月 30 日晚，上海世博会开幕式大型灯光喷泉焰火表演。

17 两岸关系重大进展

2005年4月26日至5月3日，中国国民党主席连战率团访问大陆，翻开中国共产党和中国国民党关系史上新的一页。4月29日，中共中央总书记胡锦涛与连战主席举行正式会谈，这是两党领导人60年来的首度对话，不仅有利于双方化解历史恩怨，加深了解，更有利于国共两党面向未来，为两岸关系的持续发展奠定坚实的基础。

2005年4月29日，胡锦涛在北京人民大会堂会见连战。两人的这次握手，是时隔60年两党领导人的历史性握手。

2005 年 5 月 6 日，亲民党主席宋楚瑜率领亲民党大陆访问团在陕西祭拜黄帝陵。

18 构建和谐世界

2005年，中国提出建设和谐世界的理念。2005年9月，胡锦涛在纽约召开的联合国60周年首脑会议上发表了题为《努力建设持久和平、共同繁荣的和谐世界》的讲话，深刻阐述了和谐世界的理念。建设和谐世界，要坚持多边主义，实现共同安全；要坚持互利合作，实现共同繁荣；要坚持包容精神，共建和谐世界；坚持积极稳妥方针，推进联合国改革。建设和谐世界，成为指导中国发展国际关系的重要战略思想。

2010年，中国派出约1300名医务人员在全球48个发展中国家提供人道主义援助。图为在海地首都太子港，一名中国医疗队员按照当地习俗与一名海地儿童互相问好。

2004年1月24日，法国华侨华人和来自北京的表演团成员在巴黎香榭丽舍大街举行盛装游行。图为来自中国的秧歌队在盛装游行上表演。

2005年9月18日，中国维和医疗分队在刚果（金）东部的布卡武举行义诊。

19 建立金砖国家合作机制

在全球金融危机大背景下，新兴国家积极寻求国际合作。2009年6月，中国、俄罗斯、巴西、印度四国领导人在俄罗斯举行会晤并发表“金砖四国”联合声明，建立四国合作机制。2010年，中国为“金砖国家”合作机制轮值主席，南非加入金砖国家合作机制。2011年金砖五国在中国海南省三亚会晤，讨论国际金融以及发展与合作等问题，发表了《三亚宣言》，并签署了《金砖国家银行合作机制金融合作框架协议》，金砖国家对国际金融问题形成共识。中国同其他金砖国家一起，在维护新兴国家和发展中国家的利益，在参与全球经济治理等方面，都发挥着积极的重要作用。

2011 年 4 月 14 日，金砖国家领导人第三次会晤在海南省三亚市举行。图为五国领导人合影。

20 | 中国企业“走出去”

“走出去”，是中国企业提高国际竞争能力和成长为具有较强实力跨国公司必须走的道路。中国实施企业“走出去”战略，鼓励企业紧紧抓住经济全球化战略机遇期，充分利用国外的市场和资源，学习国外先进技术，使中国企业在国际分工中能够占据有利地位，为国际经济稳定发展作贡献。实施“走出去”战略，是中国在新一轮对外开放中的一项重要决策。

中国董氏集团在尼日利亚投资建设冷轧钢厂。

21 | 保护私有财产入宪

2004 年 3 月，第十届全国人民代表大会第二次会议通过宪法修正案，明确规定公民合法的私有财产不受侵犯。中国在宪法中首次确认私有财产权的法律地位，确立私有财产权为公民的基本权利，有利于中国社会主义市场经济迅速发展。

2004 年 3 月 14 日下午，全国人大代表投票表决《中华人民共和国宪法修正案（草案）》，保护私有财产内容入宪。

22 提高文化开放水平

提高文化开放水平，是推动文化大发展大繁荣、建设文化强国的重大方针。中国全面扩大对外文化交流，丰富和扩展文化交流渠道；大力发展对外文化贸易，实施文化产品和服务“走出去”工程；不断提高国际传播能力，扩展海外传播平台；积极吸收借鉴国外一切优秀文化成果，扩展国际人文交流。中国大力构建全方位、宽领域的文化对外开放格局，推动文化走向世界。

国相交，民相知。各国文化相互沟通，世界才会更灿烂。孔子学院，是各国人民学习汉语和认知中国文化的园地，也是中外文化交流的平台。图为爱沙尼亚塔林大学孔子学院学员们在学习中国书法。

2012年11月，广东杂技团在莫斯科克罗克斯大会堂演出。

广西三江侗族自治县同乐乡平溪屯，师徒三代一起做侗绣。侗家人世代男耕女织，刺绣工艺薪火相传，目前全县绣娘超过 1000 人，绣品远销国内外。2009 年，三江县侗族刺绣被列入自治区级“非遗”保护项目。

随着“中国图书对外推广计划”的持续推进，中国出版、中国主题图书“走出去”取得可喜成就。一批反映当代中国政治、经济、社会、文化等各个方面发展变化的优秀作品受到国外公众欢迎。图为近年来走到海外的部分优秀图书。

23 国家人权行动计划

充分实现人权是中国构建社会主义和谐社会的重要目标。2009 年，中国政府颁布实施《国家人权行动计划（2009—2010 年）》，这是中国政府制定的第一个人权国家规划，对发展人权事业具有重大意义。2009 年 2 月，中国接受人权理事会国别人权审查。人权理事会全会于 2009 年 6 月核可了审议中国的报告。中国已加入包括《经济、社会及文化权利国际公约》在内的 25 项国际人权公约，并积极为批准《公民权利和政治权利国际公约》创造条件。中国的人权事业已经取得很大成绩，中国继续大力推进人权事业发展。

2009 年 11 月 2 日，第二届北京人权论坛开幕，此次论坛的主题为“和谐发展与人权”，来自国内外的与会代表进行了研讨与交流。

中国

1949-2014

陆 | 2012 以来

China

2012 年 11 月 8 日至 14 日，中共十八大在北京召开。中共十八大勾画了在新的历史条件下全面建设小康社会、加快推进社会主义现代化、夺取中国特色社会主义新胜利的宏伟蓝图。中共十八大指出，建设中国特色社会主义，总依据是社会主义初级阶段，总布局是五位一体，总任务是实现社会主义现代化和中华民族伟大复兴。中共十八大为全面建成小康社会做了科学的总体战略部署，为中国特色社会主义的全面进步和继续发展指明了奋斗方向。

2012 年 11 月 29 日，中共中央总书记习近平在参观国家博物馆举办的“复兴之路”大型历史展览时，向世界宣示了“中国梦”。他说：“实现中华民族伟大复兴，就是中华民族近代以来最伟大的梦想。”“实现中华民族伟大复兴的中国梦，就是要实现国家富强、民族振兴、人民幸福。”他庄严宣告：“现在，我们比历史上任何时期都更接近中华民族伟大复兴的目标，比历史上任何时期都更有信心、有能力实现这个目标。”国家富强、民族振兴、人民幸福，成为中国发展前进的精神旗帜。

2013 年 11 月，中共十八届三中全会通过了《中共中央关于全面深化改革若干重大问题的决定》。全面深化改革的总目标是完善和发展中国特色社会主义制度，推进国家治理体系和治理能力现代化。为此，要深化经济体制、政治体制、文化体制、社会体制、生态文明体制和党的建设制度的改革。《决定》对到 2020 年“五位一体”改革做了战略部署，体现了历史发展的新要求，必将开启中国新一轮改革浪潮，推动经济社会发展全面提升，开辟中国特色社会主义事业更加广阔的前景。

中共十八大以来，以习近平为总书记的新一届中央领导集体，面对新形势新任务，准确把握世界格局变化和中国发展大势，开拓进取，开展一系列重大外交活动，提出许多重大对外战略思想、外交政策和外交新理念，推进外交理论和实践创新，为国家发展创造了有利的外部条件，丰富和发展了中国特色外交理论和实践。中国将坚持改革开放，坚持走和平发展道路，坚持奉行互利共赢的开放战略，坚定维护国家核心利益。

01 全面建成小康社会新目标

2012 年 11 月，中共十八大提出全面建成小康社会的新目标新任务：经济持续健康发展，人民民主不断扩大，文化软实力显著增强，生态环境越来越好，人民生活水平全面提高，资源节约型、环境友好型社会建设取得重大进展。全面建成小康社会新部署，要求形成经济建设、政治建设、文化建设、社会建设、生态文明建设协调发展的总格局。新目标新任务，鼓舞全国各族人民为到 2020 年全面建成更高水平的小康社会而奋斗。

2012 年 11 月 8 日至 14 日，中共十八大在北京举行。会议确立了科学发展观的历史地位，提出了夺取中国特色社会主义新胜利必须牢牢把握的基本要求，确定了全面建成小康社会和全面深化改革的目标。

产党第十八次全国代表大会
中国共产党
第十八次
全国代表大会

TIAN TAI

02 中国梦

中国人民热爱生活，期盼有更好的教育、更稳定的工作、更满意的收入、更可靠的社会保障、更高水平的医疗卫生服务、更舒适的居住条件、更优美的环境，期盼孩子们能成长得更好、生活得更好。中共中央总书记习近平说：“人民对美好生活的向往，就是我们的奋斗目标。”2012 年 11 月 29 日，习近平提出实现中华民族伟大复兴的“中国梦”，就是要实现国家富强、民族振兴、人民幸福。

2014 年 5 月 7 日，首批全国中华民族艺术传承学校之一的天津市河北区天泰小学的学生在感受传统文化的魅力，共筑中国梦。

03 | 建设服务型政府

为促进经济发展方式转变，实现全面建成小康社会目标，深入推进行政体制改革是关键。中共十八大提出了行政体制改革的新目标，主要内容包括继续简政放权，加快政府职能转变，创新行政管理方式，提高政府公信力和执行力等。2013 年 3 月，国务院发布《国务院工作规则》。《规则》坚持执政为民、依法行政、实事求是、民主公开、务实清廉的准则。《规则》要求严格遵守宪法和法律，全面正确履行政府职能，努力建设职能科学、结构优化、廉洁高效、人民满意的服务型政府。改革的根本目的就是要进一步创新政府管理，为社会提供更好的服务。

在历次机构改革、简政放权基础上，新一轮行政审批改革、政府职能转变工作正在紧锣密鼓进行，向纵深推进。图为 2013 年 9 月上海市临港行政服务中心大厅。

04 建设上海自贸区

2013 年 9 月 29 日，中国（上海）自由贸易试验区正式挂牌开张。建设上海自贸区，是中国顺应全球化贸易发展新格局的重大举措，标志着中国改革开放又上了一个新台阶。建设上海自贸区，有利于培育中国面向全球竞争的优势，构建与各国合作发展的新平台，可为中国开放型经济的转型升级提供可复制的先行先试深化改革经验。

安徽出版集团努力打造面向国际、影响力广泛的大型现代文化传媒集团，积极与海外文化机构建立项目和资本合作，又首家在上海自贸区设立“走出去”基地。图为集团董事长王亚非接受外媒采访。

这是2013年10月29日在直升机上拍摄的上海自贸区外高桥集装箱码头。

05 | 发展现代农业

2013年1月，《中共中央、国务院关于加快发展现代农业进一步增强农村发展活力的若干意见》发布，这是改革开放以来第10个以“三农”问题为主题的中央一号文件。加强农业基础地位，走中国特色农业现代化道路，建立以工促农、以城带乡机制，形成城乡经济社会发展一体化新格局，是中国在全面建设小康社会和实现现代化进程中始终坚持的方向。第10个中央一号文件，必将成为今后“三农”工作再创辉煌的新动力，开辟城乡经济社会发展一体化新格局。

素有粮仓之称的黄淮海平原的小麦全面进入开镰收割期，安徽省淮北市郊区广大农民抓住晴好天气抢收晾晒，确保小麦适时收获，颗粒归仓。

2014 年 4 月 20 日，以“绿色、科技、未来”为主题的第十五届中国国际蔬菜科技博览会在山东寿光开幕。图为菜博会上展示的空中管道无土栽培技术培育的茄子。

为推进城镇化建设，海南省琼海市将所辖 12 个圩镇容貌进行改造，逐步建成风格各异的风情小镇。这是改造后的塔洋古镇。

06 进入高铁时代

2004年，国务院通过历史上第一个国家《中长期铁路网规划》，描绘出1.2万公里快速客运专线网。当年，广深高速铁路建成。2008年，京津城际高速铁路开通运营，“和谐号”动车组驶入百姓生活。2011年，世界上一次建成里程最长的京沪高速铁路建成通车。2012年，哈大高速铁路正式通车运营，成为世界上第一条高寒高速铁路。2012年12月，京广高速铁路全线贯通运营，全长2298公里，成为世界上干线最长的高速铁路。2013年，随着宁杭、杭甬、津秦、厦深、西宝等一批新建高速铁路投入运营，中国高速铁路总营运里程达到11028公里，在建高铁规模1.2万公里。中国成为世界上高速铁路投产运营里程最长、运送旅客人数最多的国家。

2011年6月30日，京沪高铁正式开通运营。图为G1次列车在泰山山麓通行。

“和谐号”动车组驶入百姓生活。

CRH

07 鼓励科技创新

改革开放以来，科学发展突飞猛进，取得辉煌成果，科学技术转化运用到各个领域，为经济建设注入可持续发展的动力。为奖励在科技进步活动中做出突出贡献的公民、组织，中国设立了国家最高科学技术奖、国家自然科学奖、国家技术发明奖、国家科学技术进步奖、中华人民共和国国际科学技术合作奖五项国家科学技术奖。

上海超级计算中心正式运行的“魔方”，每秒峰值运算速度超过 200 万亿次。

大数据时代，中国迎来新挑战。

2013 年 6 月，中国神州十号载人飞船在酒泉卫星发射中心成功发射。神舟十号飞船实现与天宫一号自动交会对接，开创中国载人航天事业先河。图为北京航天飞行控制中心大屏幕显示的自动交会对接画面。左下为神舟十号推进舱外画面。

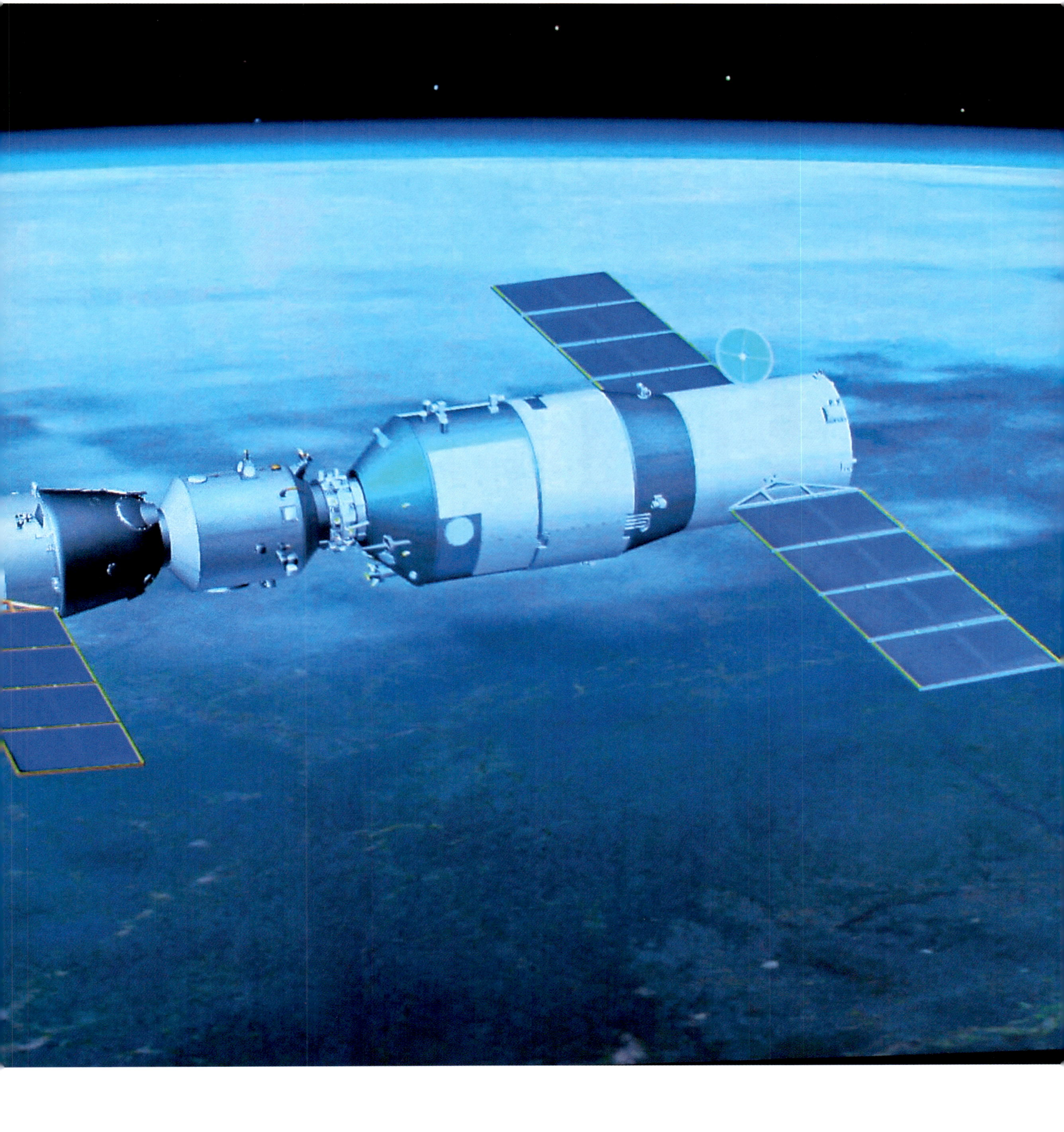

08 防治大气污染

当前，全国大气污染形势严重，损害人民身体健康，影响社会和谐稳定。中国政府对人民高度负责，于2013年9月发布了《大气污染防治行动计划》。《行动计划》要求经过5年的努力，全国空气质量总体改善，经济增长质量提高，实现环境效益、经济效益与社会效益多赢，建设美丽中国。

2013年11月24日上午，河北省在唐山、邯郸、承德等3地集中拆除8家钢铁企业的高炉10座、转炉16座，既化解了钢铁过剩产能，又减少了大气污染物的排放。图为唐山兴业工贸有限公司烧结机烟囱在爆破中轰然倒塌。

09 提高国民旅游休闲生活质量

2012 年，中国境内旅游人数达到 30 亿人次，国内旅游市场世界第一；出境旅游人数超过 8000 万人次，居世界第三，对世界旅游市场的贡献率超过 7%。解决规模如此庞大的旅游休闲问题，必须从国家发展、社会进步整体上做出战略规划。2013 年 2 月，国务院批准发布《国民旅游休闲纲要（2013—2020 年）》。发布《纲要》，有利于引导全社会树立健康、文明、环保的休闲理念，更好地满足人民群众旅游休闲消费需求，提高国民的生活质量。

随着居民闲暇时间和居民收入的增加，游览名山大川、愉悦身心，成为中国居民的一种消费时尚。

10 网购时代

中国现有互联网网民 5.13 亿，互联网普及率达 38.3%。2009 年以来，网络购物、网上支付、旅游预订等商务类应用不断快速增长，成为互联网发展的突出特点。据统计，2007 年全国网络购物人数达 4641 万，2013 年超过 3 亿，开创了中国式网购时代。电子商务的发展，带动了其他行业的开发。当前，百万企业加强了信息化建设，政府更加重视网络安全，网购趋势持续发展，电子商务成为中国的重要产业之一。

2013 年 11 月 11 日，杭州阿里巴巴集团淘宝总部的大屏幕上，打出“双 11”总支付宝成交金额的数据。2013 年“双 11”淘宝总销售额 350.18 亿元。

11 | ## 加强国防和军队建设

当今世界，和平、发展、合作、共赢是时代主题。国际形势继续发生深刻变化。中国仍面临复杂的安全威胁和挑战。建设与国家安全和发展利益相适应的巩固国防和强大军队，是中国现代化建设的战略任务。为实现强军目标，中国深化国防和军队改革，加强机械化和信息化建设，构建中国特色现代军事力量体系，努力建设与中国国际地位相适应的巩固国防和强大军队。

2012 年 9 月 25 日，中国第一艘航空母舰“辽宁舰”正式交付海军，成为维护国家主权、国际安全的重要力量。图为歼 -15 舰载机在“辽宁舰”上滑跃起飞。

“辽宁舰”出海进行科研试验和海上训练。

2013年9月，东海舰队某歼击机团组织空中加油训练，该团参训飞行员全部一次性对接成功，标志着中国海军航空兵某新型国产战机大规模远程机动作战能力又有了新突破。

12 维护国家主权　维护国际安全

中国始终不渝走和平发展的道路。中国军队维护国家主权、领土完整、海洋权益和发展利益，保障国家和平发展。中国军队始终把维护世界和平和促进共同发展作为重要任务，积极参与国际安全合作，维护稳定的国际安全环境。

2012 年 9 月 14 日，中国海监 15 船抵达钓鱼岛海域，对钓鱼岛及其附属岛屿附近海域进行维权巡航执法。

中国舰队在亚丁湾索马里海域执行护航任务。图为船舶在编队护卫下有序行进。

168

13 夯实中俄全面战略协作伙伴关系基础

强有力的中俄关系，不仅符合中俄双方利益，也是维护国际战略平衡和世界和平稳定的重要保障。习近平担任国家主席后，2013 年 3 月首次出访第一站为俄罗斯。习近平访俄，加强了中俄经贸、能源和战略安全合作，夯实了中俄全面战略协作伙伴关系的基础，为中俄全面战略协作伙伴关系持续健康稳定发展注入新的强大动力。

中俄互为最大邻国，都是主要新兴市场国家，都是维护世界和平、安全、稳定的重要力量。2013 年 3 月 22 日，国家主席习近平在莫斯科克里姆林宫与普京总统举行会谈。

14 构建中美新型大国关系

新型大国关系，是建立在相互尊重、互利共赢合作伙伴关系基础上的大国关系。2013 年 6 月，中国国家主席习近平与美国总统奥巴马在美国会晤，就中美关系未来发展达成重要共识：相互尊重，合作共赢，共同构建中美新型大国关系。2014 年 7 月 9 日，国家主席习近平在第六轮中美战略与经济对话和第五轮中美人文交流高层磋商联合开幕式上的致辞中，对构建中美新型大国关系提出四点主张：（1）增进互信，把握方向；（2） 相互尊重，聚同化异；（3）平等互利，深化合作；（4）着眼民众，加深友谊。他提议用积土成山的精神，携手推进新型大国关系建设。

2013 年 6 月 7 日，习近平在美国加利福尼亚州安纳伯格庄园同奥巴马举行中美元首会晤，就中美关系未来发展达成重要共识，共同构建中美新型大国关系。

15 推动亚洲区域合作

为了为国家发展争取良好的周边环境，使中国的发展更多惠及周边国家，实现共同发展，2013 年 10 月，中国举办了周边外交工作座谈会。座谈会高举和平发展的旗帜，坚持与邻为善、以邻为伴的方针，坚持睦邻、安邻、富邻的原则，突出体现亲、诚、惠、容理念，深化互利共赢格局，推动区域安全合作。中国将谋大局、讲战略、重运筹，把周边工作做得更好。2013 年 9 月和 10 月，习近平在访问中亚、东盟期间，先后提出共建丝绸之路经济带和 21 世纪海上丝绸之路的倡议。这个简称“一带一路”的宏伟构想，凝聚了众多国家的共识和期盼。“一带一路”，是中国深化改革开放和推进周边外交的新思路，得到国际社会的广泛关注和积极响应。“一带一路”构想，必将继承和升华古丝绸之路精神，为沿途各经济体创造共建共赢的新式区域合作模式。

2013 年 10 月 3 日，习近平在印度尼西亚国会发表题为《携手建设中国—东盟命运共同体》的重要演讲。

2014 年 7 月 3 日至 4 日，习近平访问韩国，极大地充实了中韩战略合作伙伴关系的内涵，标志着中韩关系迈上新台阶。习近平主席与朴槿惠总统会谈后，共同会见记者。

16 推动中欧经贸合作

2014 年 3 月，国家主席习近平访问荷兰、法国、德国、比利时四国和欧盟总部。这次访问全面提升了中国与四国的关系和中欧关系，为新形势下中欧全面战略伙伴关系发展赋予了新的战略内涵。2014 年 7 月 1 日，中国瑞士自由贸易协定正式生效，两国的众多行业将从中获益，取得双赢。这是中国同欧洲大陆国家的第一个自贸协定，展示了中国参与经济全球化和区域经济合作的信心，中国市场经济开始在国际上发挥影响。中瑞自贸协定必将促进中国和欧洲、中国和欧盟之间经济贸易合作的深入发展。

2014 年 4 月 1 日，国家主席习近平在比利时布鲁日欧洲学院发表重要演讲，指出为了把中欧关系推向前进，中欧双方需要加深相互了解，共同努力建造和平、增长、改革、文明四座桥梁。

2013 年 11 月 21 日，国务院总理李克强同欧洲理事会主席范龙佩、欧盟委员会主席巴罗佐举行第十六次中国欧盟领导人会晤。

17 发展中非新型战略伙伴关系

非洲是维护世界和平和促进经济发展的重要力量，中国一贯重视加强同非洲国家的团结和合作。2000 年，中非合作论坛创立，中国和非洲决定在 21 世纪建立和发展长期稳定、平等互利的伙伴关系，翻开中非友好的新篇章。2006 年，中非合作论坛北京峰会确立了中非政治上平等互信、经济上合作共赢、文化上交流发展的新型战略伙伴关系，成为中非关系史上的里程碑。2012 年，中非合作论坛通过了《中非文化部长论坛北京宣言》，双方合作深入发展。2013 年 3 月，国家主席习近平访问坦桑尼亚、南非和刚果（布），提出“中非从来都是命运共同体”理念。习近平的访问加快了中国与非洲的务实合作，提升了中非新型战略伙伴关系，谱写了中非友好合作的新篇章。

中非新型战略伙伴关系不断发展，中非政治互信不断深化、战略合作日益加深，领导人交往密切。2013 年 3 月 28 日，习近平在南非德班同非洲国家领导人举行早餐会。

随着中非关系的发展，中国和非洲各国在文化上互学互鉴、人文交流日趋活跃。图为 2011 年 7 月 9 日，在南非格雷厄姆斯敦，中国天津艺术团的演员和当地儿童参加南非国家艺术节巡游。

共谱中拉合作新篇章

2013年5月31日至6月6日，国家主席习近平应邀对特立尼达和多巴哥、哥斯达黎加、墨西哥进行国事访问。2014年7月15日至23日，国家主席习近平赴巴西出席金砖国家领导人第六次会晤，应邀对巴西、阿根廷、委内瑞拉、古巴进行国事访问，并出席中国－拉美和加勒比国家领导人会晤。习近平成功访问拉美具有里程碑意义：（1）开启了金砖国家务实合作新阶段，五国决定建立金砖国家开发银行和应急储备安排；（2）推动中国同拉美各国关系迈上新台阶；（3）谱写中拉全面合作伙伴关系新篇章，决定建立平等互利、共同发展的中拉全面合作伙伴关系，共同宣布成立中拉论坛。习近平拉美之行，开启了中拉整体合作进程，开创了中拉关系新格局。

2014年7月17日，习近平出席在巴西利亚举行的中国－拉美和加勒比国家领导人会晤。

2014年7月23日，习近平访问古巴第二大城市、被称为“英雄城”的圣地亚哥。

19 | 积极开展与重要国际组织的合作

中国倡导人类命运共同体意识，积极发展与重要国际组织的关系并开展有效合作。近几年，中国国家元首和政府首脑积极参加金砖国家首脑峰会、二十国集团峰会、上海合作组织峰会、亚太经合组织峰会和东亚领导人系列峰会等多个国际组织和机制的年度首脑会议。中国在处理全球治理相关议题和国际事务中发挥着越来越重要的作用。

2013 年 4 月 7 日，习近平在海南博鳌同出席博鳌亚洲论坛 2013 年年会的外国领导人和国际组织负责人合影。

2014 年 3 月 27 日，习近平在巴黎联合国教科文组织总部会见该组织总干事博科娃。习近平是第一个访问联合国教科文组织总部的中国国家领导人。

人文交流，已成为当今世界国家关系的重要基础。人文交流是国家之间发展关系的重要渠道，是增进人民之间相互了解和友谊的重要桥梁。2000 年，“中俄人文合作委员会”设立。2010 年，中美人文交流高层磋商机制建立。 2012 年，中英高级别人文交流机制和中欧高级别人文交流对话机制建立。人文交流高层磋商机制的建立是中外关系史上的一大创举。机制的建立，进一步深化了中国和各国人文交流与合作，有助于为双方关系长期稳定发展奠定坚实的社会基础。

2014 年 7 月，第五轮中美人文交流高层磋商在北京举行，双方达成 104 项联合成果，涵盖教育、科技、文化、体育、妇女、青年和卫生七大领域。

2014 年 5 月 17 日，中国峨眉武术学院的小学员在美国华盛顿表演武术。本次访美武术表演是“中美人文交流高层磋商机制”下的体育领域交流项目，旨在展示中国传统武术的魅力，促进传统体育文化的交流。

2013 年 8 月 23 日，中美大学生体育文艺周在上海交通大学举行，这是中美人文交流高层磋商机制下的一项针对两国大学生体育文化层面的交流活动，旨在以文艺展演、体育赛事、教练员培训等多层面的活动，促进两国大学生的交流和友谊。

吹响全面深化改革的号角

经过三十多年的改革，中国的发展进入新阶段。为实现中共十八大确定的“两个一百年”奋斗目标，必须全面深化改革。2013 年 11 月，中共十八届三中全会通过《中共中央关于全面深化改革若干重大问题的决定》，吹响了全面深化改革的号角。改革的总目标是：完善和发展中国特色社会主义制度，推进国家治理体系和治理能力现代化。《决定》明确了全面深化改革的指导思想、总体思路、主要任务和重大举措。全面深化改革，必将推动全面建成小康社会和中国梦的实现。

政府职能转变是深化行政体制改革的核心，是全面正确履行政府职能的基础。2013 年 10 月 29 日，广西桂林市政务服务中心，市民通过网络查询信息。

经济体制改革

经济体制改革是全面深化改革的重点，《决定》提出，必须发挥经济体制改革的牵引作用。《决定》提出，紧紧围绕使市场在资源配置中起决定性作用深化经济体制改革，坚持和完善基本经济制度，加快完善现代市场体系、宏观调控体系、开放型经济体系，加快转变经济发展方式，加快建设创新型国家，推动经济更有效率、更加公平、更可持续发展。

图为繁忙的青岛港集装箱码头一角，展现了中国经济体制改革的巨大潜力。

首钢集团紧紧围绕市场配置资源，加快发展循环经济，激发创新活力。图为首钢长治钢铁公司炼钢厂。

23 | 政治体制改革

深化政治体制改革，必须坚持党的领导、人民当家做主、依法治国的有机统一。《决定》要求，加快推进社会主义民主政治制度化、规范化、程序化，建设社会主义法治国家，发展更加广泛、更加充分、更加健全的人民民主。

2014 年 3 月，山东省郯城县公安局举行“公安微博粉丝见面会”，邀请十多名微博网友，就公安微博的内容建设、问题解决情况等与民警进行面对面交流。

江苏省南通市政务中心集中办理相关行政审批项目，提高效率，方便市民。

24 文化体制改革

推进文化体制机制创新是新的重大战略部署，《决定》强调，建设社会主义文化强国，增强国家文化软实力，必须坚持社会主义先进文化前进方向，坚持中国特色社会主义文化发展道路。改革将在四大方面展开：完善文化管理体制，建立健全现代文化市场体系，构建现代公共文化服务体系和提高文化开放水平。文化体制改革在新的起点上加快步伐。

中国政府大力加强文化建设，不断满足人民群众日益增长的精神文化需求，推动文化产业健康发展。图为黑龙江省图书馆阅读厅。

北京，国家大剧院。国家大剧院是国家表演艺术最高殿堂，中外艺术交流最大平台，引领艺术普及和教育。

25 | 社会体制改革

全面深化改革，必须以促进社会公平正义、增进人民福祉为出发点和落脚点。《决定》强调，要紧紧围绕更好保障和改善民生、促进社会公平正义来深化社会体制改革，改革收入分配制度，促进共同富裕，推进社会领域制度创新，推进基本公共服务均等化，加快形成科学有效的社会治理体系，确保社会充满活力和谐有序。

山东省日照市东港区南湖镇日照瑞恒服装有限公司，为周边村提供了200多个就业岗位。

2014年，湖南省长沙市采取多项措施加大棚户区改造力度，推进安置房建设。图为湖南省长沙市主城区一处新建的安置房小区。

26 | 生态文明体制改革

建设生态文明，必须建立系统完整的生态文明制度体系。《决定》要求，加快生态文明制度建设，实行最严格的源头保护制度，损害赔偿制度，责任追究制度，完善环境治理和生态修复制度，用制度保护生态环境。

福建作为全国首个生态文明先行示范区，生态保护取得明显成效。图为栖息在福建罗源县廉澳村后山的苍鹭群。

三江源地区位于青藏高原腹地。2005 年国家投资 75 亿元，启动三江源生态保护和建设工程。截至 2013 年，生态保护取得明显成效，水源涵养能力持续增加，生态系统持续改善，局部生态环境明显好转。图为青海省果洛藏族自治州班玛县一处秋季牧场。

结语

中国巨变，举世瞩目。中国国民经济总量从 1978 年的 2683 亿美元，猛增到 2013 年的 5.879 万亿美元，增长了 30 余倍，年均增长率 9.8%，经济总量在世界各国中的排名，由 1978 年的第 10 位跃升至 2010 年的第 2 位。这不仅开创了中国经济发展史上前所未有的“高速”时代，也创造了世界经济发展史上的一个奇迹。中国特色社会主义道路展示出更加广阔的发展前景。

经过新中国建立之后半个多世纪的探索，中国共产党终于完成社会主义发展道路的成功转型，再一次向全世界证明，社会主义是可以与时俱进并有着巨大优越性的。